FALK-INGO KLEE

PHANTASTISCHES GIESSEN

FALK-INGO KLEE

PHANTASTISCHES GIESSEN

Stadtgeschichte in etwas anderen Geschichten

EDITION ADLER

Die Bücher der Edition Adler erscheinen im Verlag Peter Hopf
Originalausgabe Mai 2023

Korrektorat: Andrea Velten, Factor 7
Satz: Andrea Velten, Factor 7
Titelgestaltung: Jörg Jaroschewitz, etage eins
Fotos: © Eshma@depositphotos.com,
© witoldkr1@depositphotos.com

Gedruckt in Deutschland

www.verlag-peter-hopf.com

ISBN 978-3-86305-337-6

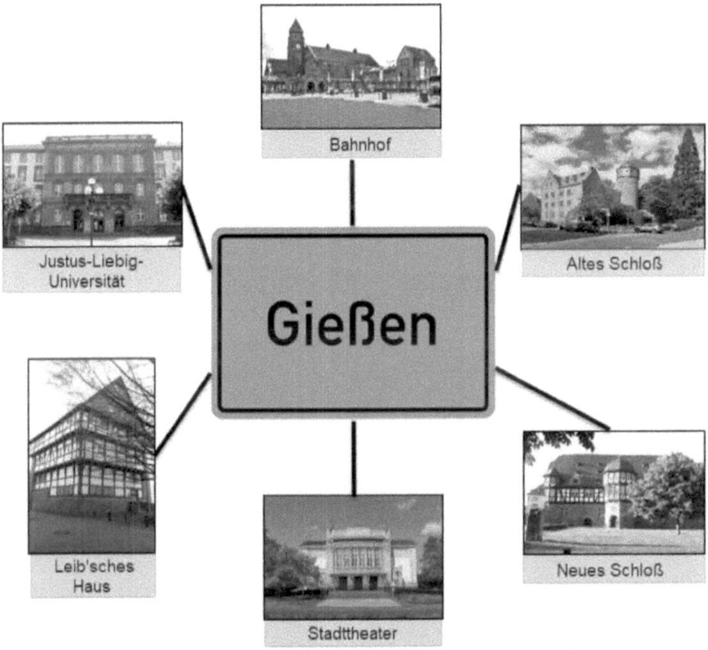
Gießen
Bahnhof
Justus-Liebig-Universität
Altes Schloß
Leib'sches Haus
Stadttheater
Neues Schloß

Inhaltsverzeichnis

Stadttheater Gießen

Vorwort I

Herzlich willkommen in Gießen! Ach, Sie sind gar kein Tourist und auch nicht auf der Durchreise? Sondern Gießener? Gießener auf Zeit, also Student? Zugereister, wie man in Bayern sagt? Oder gar Ureinwohner sprich hier geboren? Egal, wer im Umland sagt, er kommt aus Gießen, wird gern als ›Schlammbeißer‹ tituliert und bekommt dann mal auch diesen Spottvers zu hören:

> Wer früher wollt gen Gießen reisen,
> der musste durch den Schlamm sich beißen,
> drum nannten alle, Volk und Kaiser,
> die Gießener ›Schlammbeißer‹.

Diese Zeilen sind natürlich ebenso falsch wie die Schreibweise, denn korrekt muss es heißen ›Schlammbeiser‹. Tatsächlich ist die Wahrheit aber anrüchig, denn der ›Schlammbeiser‹ reinigte einst die oberflächlichen Abwasserkanäle, die die Stadt durchzogen – er entfernte den Unrat (Schlamp) aus den Rinnsalen mit einer hakenbewehrten Stange, dem Schlamp-Eisen. Aus diesem Kanalarbeiter, dem ›Schlamp-Eiser‹, wurde dann der Spitzname ›Schlammbeiser‹. 2005 haben ihm die Gießener am Kirchenplatz ein Denkmal gesetzt. Dort ist er als Figur verewigt – und wie es sich gehört – mit Eimer und Schlamp-Eisen zu besichtigen.

Nun könnte allein schon der Name ›Gießen‹ abschrecken – es gießt wie aus Kübeln oder es regnet oft und viel. Auch das ist wieder so ein Vorurteil. Von allen größeren hessischen Städten bekommt Gießen den wenigsten Niederschlag ab, ist also ein relativ trockenes Areal.

Das war aber 2011 nicht der Grund für die Gründung des Gießener Gießkannenmuseums, sondern es entstand im Rahmen eines Ideenwettbewerbs zur Hessischen Landesgartenschau in Gießen, die im Jahr 2014 stattfand. Mittlerweile ist die Sammlung auf rund 1.500 Exponate angewachsen, die auch online unter www.giesskannenmuseum.de abrufbar sind. Passenderweise befindet sich das Gießkannenmuseum heute direkt neben dem Botanischen Garten, sodass man im Notfall dort mit Gießkannen aushelfen könnte. Als Trinkgefäße taugen solche mobilen Pflanzenbewässerer natürlich nicht, dennoch muss hier niemand verdursten, denn in Gießen versteht man sich durchaus auf die Kunst der Hopfenveredelung.

Nun gut, die Gießener Privatbrauerei wurde 2015 geschlossen, aber seit 2016 gibt es wieder eine Gießener Brauerei. Deren Biermarke ›Schlammbeiser‹ wird zwar seit 2017 im Vogelsberg in einer oberhessischen Brauerei gebraut, aber natürlich in Gießen getrunken. Die Gießener Bier-Tradition lebt also fort.

Apropos Tradition – da kann Gießen durchaus mit Superlativen aufwarten. Was wolle Se dann wisse? Gut, weiter auf Hochdeutsch. Der Botanische Garten, der 1609 angelegt wurde, ist der älteste seiner Art in Deutschland, der sich immer noch an Ort und Stelle befindet. Auch die älteste Tanzschule Deutschlands, die 1787 von einem Herrn Bäulke gegründet wurde und nach wie vor von den direkten Nachfahren der Familie betrieben wird, befindet sich in Gießen.

Medienmäßig ist Gießen ebenfalls gut drauf. Hier befinden sich ein Studio des Hessischen Rundfunks und eins des Offenen Kanals, wo jeder Bürger unter fachkundiger Anleitung Fernseh-Beiträge produzieren kann, die dann auch in der Region ausgestrahlt werden. Zwei Anzeigenblätter kommen jede Woche frei Haus, und sogar zwei unabhängige Tageszeitungen gönnt man sich hier. Eine davon ist der ›Gießener Anzeiger‹, dessen Publikationswurzeln bis ins Jahr 1750 zurückreichen. Damit zählt dieses Presseorgan zu den ältesten Zeitungen in Deutschland.

Sie mögen es lieber sportlich? Nehmen Sie den MTV 1846 Gießen. Er gehört zu den ältesten noch existierenden deutschen Sportvereinen. Oder die Tradition der Gießener Rudervereine. Seit 1882 existiert die Gießener Pfingstregatta und ist damit eine – na, wissen Sie's? – der ältesten in Deutschland. Aber auch bei den schönen Künsten punktet die Stadt. Der Gießener Konzertverein, hervorgegangen aus der 1792 gegründeten ›Musikalischen Gesellschaft‹, muss nur Berlin den Vortritt lassen, das noch ein Jahr früher kunstsinnige Zeitgenossen zur Vereinsgründung veranlasste.

Noch viel älter ist natürlich die Stadt selbst. 1152 baute hier einst ein gewisser Herr von Gleiberg eine Wasserburg, und erstmals urkundlich erwähnt wurde der damals Giezzen genannte Ort 1197. 1248 bekam er die Stadtrechte, aber erst 1442 das Privileg, Märkte abzuhalten. Den Wochenmarkt können Sie übrigens heutzutage jeweils mittwochs und samstags von 7.00 bis 14.00 Uhr erleben, und er ist wirklich einen Besuch wert. Einen? Sie werden immer wiederkommen!

Direkte Nachbarn vom Markt auf dem Brandplatz sind der Botanische Garten und das Alte Schloss, das etwa um 1300 errichtet wurde, nur einen Steinwurf entfernt beeindruckt das Neue Schloss, das 1535 erbaut wurde. Daran schließt sich das nicht minder imposante Zeughaus an. Das Alte Schloss bildet zusammen mit dem Leib'schen Haus (erbaut 1350) und dem daneben liegenden Wallenfels'schen Haus am Kirchenplatz das Oberhessische Museum.

Drei weitere Bildungstempel laden zum Besuch ein. Da ist das Liebigmuseum in der Liebigstraße und fast Mauer an Mauer dazu das im Jahr 2002 eröffnete Mathematikum, das erste mathematische Mitmach-Museum der Welt, initiiert von dem Mathematik-Professor Dr. Albrecht Beutelspacher, der an der hiesigen Universität lehrte.

Stichwort Universität. 1607 von Landgraf Ludwig V. von Hessen-Darmstadt gegründet, ist sie nicht nur die älteste kontinuierlich bestehende, sondern auch die zweitgrößte Universität in Hessen. Sie ist benannt nach dem Chemiker Justus Liebig, der ab 1824 schon mit einundzwanzig Jahren als Professor in Gießen lehrte und sowohl den Kunstdünger als auch Liebigs Fleischextrakt erfand. Fast drei Jahrzehnte war Liebig in Gießen als Hochschullehrer tätig.

Von einer solchen Karriere schon in ganz jungen Jahren können die über 28.000 Studentinnen und Studenten, die sich derzeit an der Justus-Liebig-Universität eingeschrieben haben, nur träumen. Ebenso wie ihre mehr als 11.000 Kommilitoninnen und Kommilitonen, die die Vorlesungen an der Technischen Hochschule Mittelhessen (vormals Fachhochschule Gießen-Friedberg) am Standort Gießen besuchen. Und nicht zu vergessen die Freie Theologische Hochschule als eine der größten evangelikalen Einrichtungen Deutschlands, dazu kommt die Verwaltungs- und Wirtschaftsakademie sowie eine Abteilung der Hessischen Hochschule für Polizei und Verwaltung. Alles in allem sind es über 40.000 Studenten, die hier ihr Wissen mehren wollen und nach höheren Weihen streben.

Das beeindruckt Sie jetzt nicht, weil es Hochschulen und Universitäten in Deutschland gibt, die jede für sich deutlich mehr als 40.000 Studierende haben? Richtig, aber der Superlativ kommt ja erst. Bei gut 90.000 Einwohnern kommt Gießen auf eine Studentendichte von über 40%. Und das ist in Deutschland einsame Spitze.

Spitze war auch Conrad Wilhelm Röntgen, der Entdecker der nach ihm benannten Röntgen-Strahlen. Er lehrte ab 1879 an der Gießener Universität und erhielt 1901 den ersten Nobelpreis für Physik. Sein Grab befindet sich auf dem Alten Friedhof hier in Gießen, ein Denkmal im Theaterpark erinnert an den großen Gelehrten.

Gelehrtes und Gelerntes wird auch am Stadttheater Gießen geboten. Der Musentempel wurde 1906/1907 als ein ›Denkmal bürgerlichen Gemeinsinns‹ erbaut und ist seit über hundert Jahren ein Hort der schönen Künste. Als Drei-Sparten-Haus bietet es Kulturfreunden aller Couleur ein abwechslungsreiches Programm.

Das hat auch der Verkehr zu bieten. Der Gießener Ring bietet Autobahn-Anschlüsse, die ihresgleichen suchen, und auch für die Bahn ist Gießen ein wichtiger Knotenpunkt. Schon 1925 bekam Gießen einen Flughafen, der sogar von der Lufthansa angeflogen wurde, aber nach dem 2. Weltkrieg machten ihn die Amerikaner als Besatzungsmacht dicht. Jetzt können Sie Gießen nur noch per Segelflieger erreichen (Flugplatz in der Wieseckaue) oder per Kleinflugzeug (Flugplatz Lützellinden). Natürlich gehören beide Standorte zum Stadtgebiet. Wie der ›Hafen‹ der Schiffe des Gießener Marinevereins 1892 e. V., die in der wärmeren Jahreszeit mit Ausflüglern über die Lahn schippern.

Sie heißen, wie könnte es anders sein, alle ›Schlammbeiser‹. Nein, zwei von ihnen tragen den Namen ›Schlammbeißer‹. Mit Augenzwinkern wird die Schreibweise damit erklärt, dass diese Kähne früher schon mal in den Lahnschlamm ›bissen‹, weil eine Handbreit Wasser unterm Kiel fehlte. 2014 sind noch zwei weitere, brandneue Schiffe hinzugekommen, ein – ja, jetzt staunen Sie – Event-Boot und ein schmuckes Elektro-Boot. Eingedenk der schlechten Erfahrungen mit den schlammbeißenden ollen

Pötten wurden sie auf die Namen ›Lahnperle‹ und ›Lahnlust‹ getauft. Das verheißt Noblesse und Lust anstatt Maloche und Frust. Tja, so hat auch Gießen ›sin Klönschnack‹, wie man an der Küste sagt, nur – hier wird ja, obwohl in der Stadt Menschen aus über 140 Nationen leben, überwiegend hessisch ›geschwätzt‹. Den Beweis finden Sie in der Plockstraße, denn die Skulpturengruppe dort hat man ›Die drei Schwätzer‹ getauft.

Und auch ein Bauwerk haben die Gießener sehr treffend benannt – das Elefantenklo. Es ist die Fußgängerüberführung am Selterstor, das wohl markanteste Wahrzeichen der Stadt, das 1967/68 errichtet wurde. Mit ihren drei riesigen Öffnungen wirkt die auf Stelzen stehende Betonplattform tatsächlich wie ein riesiges Plumpsklo und hat mittlerweile Kultcharakter. Als örtliche Geschäftsleute dem Bauwerk zur Hessischen Landesgartenschau 2014 in Gießen einen Wasserfall spendierten, war etwas entstanden, was keine andere Stadt der Welt besitzt – ein Elefantenklo mit Wasserspülung.

Sie glauben, nach diesem langen Vorwort alles über Gießen und seine Geschichte zu wissen? Tja, da sind Sie leider auf dem berühmten Holzweg. Die Historie ist viel fantastischer, und die Ursprünge der Stadt gehen auch nicht auf die Wasserburg dieses Herrn von Gleiberg zurück, sondern auf Noah. Sie wissen schon – das ist der, der einst wegen der Sintflut die Arche baute …

Stadtkirche Gießen

VORWORT II

Neun unterhaltsame Kurzgeschichten, die in verschiedenen Jahrhunderten spielen, erwarten Sie. In diesem Buch wurden sie geschickt zu einer amüsanten Zeitreise verknüpft, die Sie abwechslungsreich und humorvoll durch über eintausend Jahre Gießener Stadtgeschichte führt.

Erleben Sie eine mit neuem Leben erfüllte Gießen-Chronik von der Sintflut bis zum Ende des 20. Jahrhunderts in neun Kurzgeschichten, eine heiterer, erbaulicher, kurzweiliger, spannender, überraschender, unglaublicher, phantastischer und abenteuerlicher als die andere. Kurzum, trockene Stadt-Historie mit Phantasie und Fabulierkunst so erfrischend und einfallsreich aufbereitet, ist sowohl für Einheimische wie für Ortsunkundige das pure Lesevergnügen ...

Allerdings: Wenn in den einzelnen Geschichten historische Ereignisse und Daten genannt werden, handelt es sich dabei um tatsächliche Begebenheiten und Geschehnisse, also um Fakten und nicht um Fiktion.

Genießen Sie diese Anthologie als eine abwechslungsreiche literarische Stadtführung durch fast tausend Jahre Gießener Geschichte, bei der Sie nicht einmal Ihren bequemen Lesesessel verlassen müssen.

Bahnhof Gießen

Noah kann’s bezeugen

Dass Gießen viel älter ist, als gemeinhin angenommen und durch Urkunden belegt wird, beweist eine Flaschenpost, die Noah einem seiner Söhne zu dessen hundertfünfzigsten Geburtstag geschickt hat.

Der konnte sich zwar für die Glückwünsche nicht bedanken, weil sein Vater mit der Arche ›nach unbekannt verzogen war‹, wie es im Amtsdeutsch so schön heißt, dennoch dokumentiert diese Grußbotschaft eindeutig, dass die Stadt eine der ältesten menschlichen Siedlungen ist.

Fatalerweise war auf der Flasche weder ein Absender noch ein Haltbarkeitsdatum angegeben, und so hat einer von Noahs Ur-Ur-Ur-Ur-Ur-Enkeln beim Entrümpeln seines Kellers das kostbare Stück einfach in den Altglas-Container gegeben – zum Braunglas.

Das war auch wieder so eine Achtlosigkeit, denn die Flasche war zwar verstaubt, aber weiß. Und der ›Grüne Punkt‹ hatte dann wieder Probleme mit der richtigen Sortierung.

*

Nachdem Noah, der mittlerweile 600 Jahre alt war, die Arche gebaut hatte, nahm er von allen Tieren ein Pärchen an Bord und ging schließlich mit seiner Frau, den Söhnen und den Schwiegertöchtern als Letzter aufs Schiff. Er schloss die Bullaugen, und dann kam schon die Sintflut. Vierzig Tage und Nächte lang regnete es ununterbrochen.

So entstand das sumpfige Becken der Lahn, in dem einst Gießen entstehen sollte.

*

Nachdem es aufgehört hatte zu regnen, wartete Noah weitere vierzig Tage und ließ einen Vogel als Kundschafter aus der Arche flattern. Obwohl er in der Schule in Biologie immer gefehlt hatte, warf er keinen Strauß über Bord, der gar nicht fliegen kann, sondern einen Raben. Der kreiste nur, fand aber kein trockenes Plätzchen zum Rasten und landete wieder auf der Arche. Nach weiteren sieben Tagen schickte Noah eine Taube als Kundschafter aus, und die kehrte abends mit einem abgebrochenen Ölblatt zurück (Anmerkung des Verfassers: Es war das Blatt einer wilden Rapspflanze, aus deren Samen man Öl presste. Da der Archen-Erbauer aber wie erwähnt in Biologie immer gefehlt hatte, wusste er das nicht und hielt es für das Blatt eines Ölbaums).

Noah, der zu diesem Zeitpunkt gerade die Lahn befuhr, ging vor einer Insel vor Anker, die aus dem Wasser ragte, und wagte sich an Land. Da der Boden immer noch nass war und er im feuchten Erdreich stecken blieb, haderte Noah ob des sumpfigen Untergrunds mit dem Herrn.

»Herr, ich bin doch kein Schlammbeiser!«

Der Herr rief ihn zur Ordnung und befahl ihm, all jene Tiere und Spezies auszusetzen, die hier leben und siedeln konnten und wollten. Also verließen die Arche all jene unauffälligen Fische, Frösche, Lurche und Molche, Vögel, Würmer und Vierbeiner, die Noah ohnehin nicht gefielen wie die Moderlieschen, die Schlammspringer, die Sumpfohreule, das Moorhuhn und wie sie alle hießen, je ein Männchen und ein Weibchen.

Auch einer seiner Söhne und dessen Weib gingen von Bord. Noah weinte ihnen keine Träne nach. Beide waren in den letzten Wochen häufig seekrank gewesen, doch anstatt dankbar zu sein, an Bord der Arche weilen zu dürfen, hatten sie seine Steuerkünste bemängelt und ihn vor der gesamten Familie einen lausigen Kapitän genannt.

Seine Autorität wurde zudem dadurch untergraben, dass die beiden ihn ertappt und verpetzt hatten, wie er sich an dem eingelagerten Gemüse für die animalischen Vegetarier gütlich tat und sogar den einen oder anderen für die Raubtiere reservierten Brocken Fleisch abzweigte, um ihn zu braten und zu verspeisen.

Da Noah diesem sumpfigen Fleckchen Land, wo nicht Milch und Honig, sondern nur die trübe Lahn floss, ganz und gar nichts abgewinnen konnte, war er froh, das Paar zurücklassen zu können. Erleichtert bestieg er die Arche und legte grußlos ab.

*

Noahs Sohn und seine Gemahlin kümmerten sich nicht um den grantigen Alten, der ihnen noch nicht mal seine neue Adresse hinterließ, sondern begannen sogleich, fruchtbar zu sein und sich zu vermehren.

Als die Lahn in ihr altes Bett zurückkehrte, stellte Noahs Sohn fest, dass sie nicht auf einer Insel gelandet waren, sondern auf einem Hügel geankert hatten. So nannten sie den Berg zur Erinnerung an das Anlegen der Arche ›Schiff am Berg‹, aus dem dann Jahrtausende später die Abkürzung ›Schiffenberg‹ wurde.

Noahs Sohn und dessen Weib verließen den Berg und wanderten zu Tal ans Ufer des Flusses. Obwohl es dort sumpfig war, klappte das mit der Vermehrung so gut, dass man bald Lahn auf, Lahn ab das fröhliche Geplapper von Schlammbeisern hörte. Auch Noahs Enkel und Urenkel vermehrten sich reichlich und waren überaus fruchtbar – gerade so, wie der Herr es Noah prophezeit hatte.

Auch sonst wandelten sie auf den Spuren ihres Stammvaters, der nach der Sintflut noch dreihundertfünfzig Jahre lebte und das biblische Alter von 950 Jahren erreichte. Noah, der Ackersmann, hatte nach dem Verlassen der Arche als Erstes einen Weinberg angelegt, die Trauben gekeltert und sich einen ordentlichen Rausch angetrunken.

Selbst in dieser Hinsicht ließ sich das Erbe ihres Sippengründers nicht verleugnen. Sie kultivierten die in der Lahnaue heimische Sumpfglockenrebe, deren Früchte sie vergoren. Es war die zweitliebste Beschäftigung nach der Vermehrung, der die Nachfahren von Noah, dessen Sohn und damit die Schlammbeiser nachgingen – sich einen hinter die Binde zu ›giezzen‹. So entstand aus biblischen Ursprüngen heraus der Name ›Giezzen‹ (später ›Gießen‹) und die Bezeichnung ›Schlammbeiser‹ für die ersten Siedlungsbewohner – auch wenn der Ort im Alten Testament ebenso wenig erwähnt wird wie der Schiffenberg.

*

Der aber wurde auch besiedelt, und zwar zuerst von einem einzelnen Mann. Die Erzählung von Noahs Sohn über die Sintflut, die er im Familienkreis gerne zum Besten gab, wurde mit jeder feucht-fröhlichen Runde abenteuerlicher, und sie ängstigte einen seiner Enkel, der nicht schwimmen konnte, schließlich derart, dass er eigentlich einen Psychiater gebraucht hätte. Diese Spezies war damals jedoch noch nicht erfunden, und so beschloss der Enkel, eine Hütte auf dem hochwassersicheren Schiffenberg zu errichten und Einsiedler zu werden.

Eines Tages tauchte eine junge Frau vor der Hütte auf, die auf dem Schiffenberg Kräuter gesammelt hatte und nun Schutz vor einem Unwetter suchte. Der Einsiedler bat sie zu sich herein, und sogleich überkam beide übermächtig der in den Genen und Lenden verankerte Befehl des Herrn, sich zu vermehren. Aus dem Einsiedler war ein Zweisiedler geworden, und neun Monate später waren die beiden schon Dreisiedler. So entstand die Siedlung (abgeleitet von mehr als drei Siedlern) auf dem Schiffenberg.

Da die Vermehrung allein auf Dauer nicht tagfüllend war und das ständige Baumfällen mit der Zeit langweilig wurde, suchten sich die Schiffenberger ein Hobby und begannen zu töpfern. Weil sie zur Verzierung für ihre Keramik-Gefäße nichts weiter als ein simples Stück Band zur Verfügung hatten, nannte man sie schon bald – wie später auch die Archäologen – die ›Bandkeramiker‹.

*

Irgendwann, auf jeden Fall etliche Jahrhunderte nach Christi Geburt, tauchte ein Mönch an der Lahn auf und bekehrte Noahs Erben zum Christentum. Die Schlammbeiser, die sich vornehmlich mit der Vermehrung und einen hinter die Binde ›zu giezzen‹ beschäftigten, wurden von dem frommen Mann angehalten, nicht nur gelegentlich zwischen vermehren und trinken zu ackern und zu fischen, sondern diese Berufe zur Lebensgrundlage ihres Alltags zu machen – sozusagen zum Broterwerb.

Daraufhin zogen etliche aus, um neue Dörfer zu gründen, Einzelne machten sich auf in die Ferne, um den Beruf des Burgmannen und Ritters zu erlernen, da er beste Zukunftsaussichten versprach, und wieder andere wurden religiöse Eiferer, die wie so viele Konvertiten mit Leib und Seele in ihrem neuen Glauben aufgingen. Sie beschlossen, dem Herrn ein Haus zu bauen und selbst fromme Mönche zu werden. Eingedenk der Überlieferungen ihrer Sippe wegen der Sintflut sollte die Kirche aber nicht in ihrer Siedlung an der Lahn entstehen, sondern auf dem Schiffenberg, dort, wo ihr Urahn mit der Arche vor Anker gegangen und das Haus des Herrn vor Hochwasser sicher war. So entstanden die Basilika und das Kloster auf Gießens Hausberg.

Kloster Schiffenberg

Auch für die übrigen Verwandten, die in ›Giezzen‹ blieben, änderte sich der Alltag. Das alttestamentarische Lotterleben war nunmehr vorbei, dafür wurden die Tage arbeitsreicher. Etliche wurden Bauern, andere Fischer, wieder andere Viehzüchter oder Handwerker, und eine Handvoll wurde Weinbauer. Vermehren taten sie sich weiter, aber mit dem täglichen ›einen hinter die Binde giezzen‹ war es vorbei. Nur noch an hohen christlichen Feiertagen und zu liturgischen Zwecken war der Weingenuss gestattet.

So war es kein Wunder, dass die Weinberge an der Lahn im Laufe der Zeit verfielen, die Gießener zu Biertrinkern wurden und auch das Vermehren mehr und mehr einstellten …

Schiffenberg-Basilika

*

Untersuchungen und Grabungen, bei denen man auch Reste und Scherben von Bandkeramiken fand, belegen, dass der Schiffenberg von der Jungsteinzeit (Neolithikum, 5.000 bis 2.000 v. Chr.) bis hin zum Mittelalter durchgehend besiedelt war. Eine geradezu sensationelle Entdeckung machten die Wissenschaftler, als im 1. Jahrzehnt unseres Jahrtausends der Dachstuhl des Langschiffs und der Turmhelm der Schiffenberg-Basilika überprüft wurde: Das Holz stammt aus dem Jahr 1162 (Langschiff), das des Turmhelms sogar von 1142 und ist damit wahrscheinlich das älteste Dachgebälk Deutschlands.

Im Juli 2012 wurde dem Kloster Schiffenberg wegen seiner architektonischen Bedeutung und aufgrund seines Alters der Rang eines ›Bauwerks von nationaler Bedeutung‹ zuerkannt.

Schiffenberg-Basilika Langhaus, Gebälk

Damit steht das Gebäude mit anderen Baudenkmälern, wie z. B. dem Dom zu Speyer, auf einer Stufe.

Als die Baugrube für das Einkaufszentrum ›Galerie Neustädter Tor‹ ausgehoben wurde, fand man am 5.11.2004 im schlammigen Untergrund einen Einbaum, dessen Entstehung auf das Jahr 791 datiert wird. Seit September 2011 befindet sich der konservierte und wieder zusammengefügte Einbaum als Ausstellungsobjekt im Gießener Rathaus.

Die erste Erwähnung Gießens in einer Urkunde stammt aus dem Jahr 1197. Dass Gießen wesentlich älter ist – Noah kann's bezeugen …

Altes Schloß

Gießen gibt's nicht?

Die Wasserburg ›Zu den Giezzen‹ wurde 1152 von dem Grafen Wilhelm von Gleiberg und seiner Frau Salome im sumpfigen Gießener Becken gegründet. Als deren Tochter 1181 mit dem Pfalzgrafen von Schwaben vermählt wurde, ging das trutzige Bauwerk in Tübinger Besitz über.

Nach dem Tod des Grafen von Gleiberg überließ der Pfalzgraf seiner Schwiegermutter die Burg als Witwensitz. Die darüber ausgestellte Urkunde aus dem Jahr 1197 machte den Namen ›Gießen‹ damit erstmals amtlich: Die verwitwete Gräfin von Gleiberg nannte sich fortan ›Salome, Gräfin von Giezzen‹. Schon fünfzig Jahre später, 1248, erhielt Giezzen die Stadtrechte.

Noch weitere siebzehn Jahre blieb die Stadt in schwäbischem Besitz, dann verkauften die Tübinger Gießen an den Landgrafen Heinrich von Hessen.

1.

Zeit seines Lebens war Rolf Becker ein begeisterter Tüftler und Bastler gewesen, doch der große Wurf war ihm nie gelungen. Nicht eine einzige seiner Erfindungen war in Serie gegangen, dabei musste die Welt doch auf so revolutionäre Neuerungen gewartet haben wie das Trockenwasser, das sich durch einfache Zugabe von Wasser wieder in das köstliche Nass verwandelte.

Oder den beheizten Pfannendeckel, in dem man braten konnte, ohne die eigentliche Pfanne zu benutzen. Auch der mit Sensoren bestückte Regenschirm, der sich bei den ersten Tropfen automatisch öffnete, verstaubte im Keller. Bei der Demonstration auf einer Erfindermesse hatte sich der Witterungsschutz so rasant entfaltet, dass er einem interessierten Standbesucher beinahe ein Auge ausgestochen hätte.

Ein weiterer Flop war der sprechende Staubsauger, und auch das faltbare Reise-Aquarium hatte keinen Anklang gefunden, weil die Fische die Prozedur nicht überlebten.

Unbeeindruckt von solchen Nackenschlägen hatte er sich einer Aufgabe zugewandt, die von Ingenieuren und Wissenschaftlern schlichtweg als unmöglich bezeichnet wurde und nur als Hirngespinst in der Phantasie von Science-Fiktion-Autoren existierte: eine Zeitmaschine zu bauen.

Alles hatte Becker für seine Idee geopfert. Jeden Pfennig investierte er in seine Erfindung, er hatte sich sogar das Rauchen abgewöhnt, um so mehr Geld für die Zeitmaschine zu haben. In jeder freien Minute hockte er vor dem Gerät, seit Jahren war er nicht mehr in Urlaub gefahren. Dass sein Privatleben darunter litt, war kein Wunder.

Seine Ehe war in die Brüche gegangen, zu seinen Kindern hatte er schon lange keinen Kontakt mehr, und an die Begegnung mit dem letzten seiner Freunde konnte er sich nicht mehr erinnern. Seine Nachbarn hielten ihn für einen verschrobenen Einzelgänger, den man nur höchst selten zu Gesicht bekam.

Seine Wohnung lag im 3. Stock in einem Haus hinter dem Stadtkirchenturm, dort, wo man bei Ausgrabungen auf die Wasserburg ›Giezzen‹ gestoßen war. Eigentlich war die Bezeichnung ›Wohnung‹ kaum zutreffend. Nach und nach hatte der Tüftler sein Heim in ein Laboratorium verwandelt, das dem eines Dr. Frankenstein kaum nachstand.

Mittelpunkt des Wohnzimmers war eine Mischung zwischen einem verdrahteten Telefonhäuschen und dem faradayschen Käfig eines physikalischen Instituts. Unzählige Kabel und Drähte zogen sich durchs Zimmer, Spulen, Messinstrumente, Skalen und Kontrolllichter bedeckten Wände und Möbel. Auf Sesseln und Tischen türmten sich Werkzeuge, Versuchsanordnungen und elektronische Bauteile, überall lagen Skizzen, Pläne und Konstruktionszeichnungen herum.

Wurde die Anlage aktiviert und der Strom eingeschaltet, rieb man sich bei den Gießener Stadtwerken ob des sich wie rasend drehenden Zählers erfreut die Hände, und Beckers Heim erwachte zu einem gespenstischen Leben.

Dutzende bunter Lämpchen strahlten in allen Farben des Spektrums, unzählige Zeiger und Armaturen schlugen aus, Monitore zeigten verwirrende Diagramme. Umformer brummten, Gleichrichter summten, Relais knackten, Ozongeruch breitete sich aus. Ab und zu huschte ein Elmsfeuer über das Metall der Zeitmaschine, die sich in kaltes, blaues Leuchten hüllte.

Durch eine simple Stahltür gelangte Becker in das Innere seines Heiligtums, ließ sich auf einem ordinären Bürostuhl nieder und nahm an der Kontrollwand verschiedene Justierungen vor.

Während das Ganze von außen einen recht futuristischen Eindruck machte, wirkte die eigentliche Kabine beinahe schon primitiv. Es gab nicht mehr Anzeigen und Instrumente als in einem Nachkriegs-Pkw, anachronistisch muteten zwei Rundskalen an, die an alte Wecker erinnerten. Eine zeigte die Jahreszahl ›1998‹ an, die andere hatte eine verstellbare Anzeige, die von 0 bis 1998 reichte.

»Heute muss es klappen«, murmelte Becker. Seine Lippen zitterten vor Erregung. »Diesmal werde ich es allen zeigen!«

Ja, er war am Ziel. Über zwanzig Jahre Arbeit steckten in dieser Zeitmaschine, Zigtausende von Mark hatte er in seine Idee investiert, und jetzt stand der große Augenblick bevor. Daran, dass die Zeitmaschine funktionieren würde, hatte er nach dem letzten Test keine Zweifel mehr. Und er wusste auch, warum ihm, Rolf Becker, das Experiment gelingen würde.

Wer immer sich am Bau einer solchen Maschine versucht hatte, wollte zwei Fliegen mit einer Klappe schlagen: Er wollte durch Raum **und** Zeit reisen – ein unmögliches Unterfangen, denn Raumkoordinaten zu verändern und gleichzeitig Zeitachsen zu verschieben, das konnte nicht gelingen. Demzufolge hatte er sich darauf konzentriert, nur in der Zeit zu reisen.

Und noch eine weitere Einschränkung hatte er gemacht: Es waren nur Ausflüge in die Vergangenheit möglich – von der Jetztzeit bis zu Christi Geburt. Er würde also nie erfahren, wie es in der Zukunft aussah, und er musste seine Zeitmaschine nach Frankfurt transportieren, wenn er erfahren wollte, wie es in der ehemals freien Reichsstadt etwa vor fünfhundert Jahren ausgesehen hatte, doch das nahm er ganz bewusst in Kauf. **Seine** Zeitmaschine würde funktionieren.

Noch einmal kontrollierte er alle Werte, dann legte er den Starthebel um. Im ersten Moment geschah nichts, dann knackte und summte es, die Kabine vibrierte, das Licht erlosch. Entsetzt schrie Becker auf, als er den Halt unter den Füßen verlor und in eine abgrundschwarze, bodenlose Tiefe stürzte.

2.

Dem Ereignis angemessen, hatte man den Burgsaal herausgeputzt. Ritter, Herren höheren Standes und des niedrigen Adels hatten sich mitsamt ihren Gemahlinnen festlich gekleidet an der reichlich gedeckten Tafel eingefunden.

Die kleine, dafür umso emsigere Dienerschar servierte zur Feier des Tages gesottenen Fisch, der in der Lahn gefangen worden war, frisch erlegtes Wildschwein, am Spieß gebraten und mit Honig gewürztes, kerniges Brot, Getreidemus und eingelegtes Gemüse. Wein wurde aus großen Krügen ausgeschenkt, und mancher der Herren leerte fröhlich Humpen um Humpen des mit Giersch versetzten Bieres.

Der offene Kamin, in dem mächtige Holzscheite prasselten, kämpfte tapfer gegen die Kälte an, doch er vermochte es nicht, das klamme, nasskalte und zugige Gemäuer wirklich zu erwärmen. Da half es nur wenig, dass man vor die Schießscharten ähnlichen Fenster gegerbte Lederhäute gespannt hatte.

Was der munter schmausenden Runde so vortrefflich mundete, hätte einem Mitteleuropäer des 21. Jahrhunderts wahrscheinlich überhaupt nicht geschmeckt. Seinem recht sumpfigen Lebensraum entsprechend, hatte der Fisch ein eher modriges Aroma und war mit allerlei Kräutern in Milch zubereitet worden. Da Salz und erst recht Gewürze rar und teuer waren, hatte man daran natürlich gespart.

So schmeckte alles ein bisschen fade, und der mit Honig gesüßte, etwas streng riechende Wildschweinbraten war auch gewöhnungsbedürftig. Das Getreidemus war im Prinzip eine Wassersuppe, in die grob gemahlenes Mehl eingerührt wurde, und bei dem eingelegten Gemüse konnte man den Eindruck gewinnen, dass das Verfallsdatum schon längere Zeit abgelaufen war.

Das Brot war hart und altbacken, beim Wein erinnerte nur die Farbe an den heutigen Rebensaft, denn er war ausgesprochen sauer. Das deutsche Reinheitsgebot gab es damals noch nicht, und anstelle von Hopfen würzte jeder Brauer sein Bier mit Kräutern und Pflanzen aus Feld und Flur.

Dabei war man durchaus nicht zimperlich, auch solche Gewächse zu verwenden, die Halluzinationen oder gar Vergiftungen hervorriefen. Es kam immer wieder vor, dass ein wackerer Zecher aus seinem Rausch nicht mehr erwachte.

Den adeligen Damen und Herren mundete es jedenfalls, wie am Rülpsen und Schmatzen unschwer zu erkennen war, und während des ausgedehnten Mahls offenbarte auch der eine oder andere Darm durch allerlei Töne, dass die Speisen durchaus seine Zustimmung fanden. Überhaupt wurde die Stimmung immer fröhlicher und ausgelassener, was sicherlich auch an dem zunehmend genossenen Alkohol lag.

Es war längst nachtschlafende Zeit, als Gräfin Salome die Tafel aufhob. Jetzt war die große Stunde gekommen – nun sollte ihr die Wasserburg ›Zu den Giezzen‹ feierlich vermacht und auf ewig beurkundet werden.

Natürlich nahm das Hausgesinde nicht an der Zeremonie teil. Es hatte sich in die Küche und die angrenzenden Räume getrollt und wartete nun ergeben darauf, dass man es rief, um die Tafel abzuräumen, Knochen und Gräten vom Boden zu klauben und erneut Wein und Kräuterbier auszuschenken.

Während sich die Gäste als lockere Gruppe aufstellten, entfernte sich die Hausherrin ein wenig in die andere Richtung und nahm ein Stück vom Tisch entfernt Aufstellung. Huldvoll hob sie die Hand.

Das war das Zeichen für den Vasallen des Landgrafen von Schwaben, seines Amtes zu walten. Der Tübinger Lehensmann, von seinem Herrn als Abgesandter und Ritter geschickt, trat vor, zog eine gerollte Urkunde aus seinem Wams und erbrach das herrschaftliche Siegel.

Gemessenen Schrittes stolzierte er zum Kamin, um die Schrift in dessen Lichtschein besser entziffern zu können. Ein wenig umständlich, dem feierlichen Augenblick angemessen, entrollte er das Schriftstück und begann zu lesen:

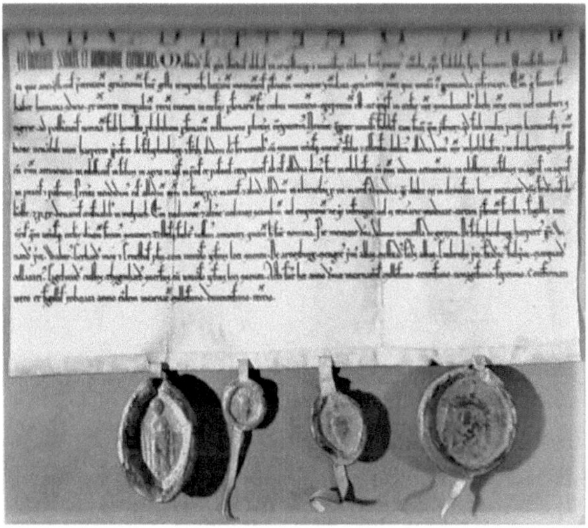

Ersterwähnung Gießens

»Hi geschriben zcu tubing Anno Domini 1197. Wir sezzen vnd gebiten mit vnser vorstlichen vnd landgreflichen gewalt di burg zcu den giezzen eweclich der wittum salome ...«*

Abrupt hielt er inne und blickte erschreckt nach oben. Etwas krachte aufs Dach, und bevor der Tübinger wusste, wie ihm geschah, durchschlug ein undefinierbares Etwas mit Donnergetöse das schwere Gebälk, eingehüllt in Staub und Trümmer. Entfernt erinnerte es an eine mächtige Truhe, doch die unchristlichen Aufsätze und hexenartigen Gebilde ließen nur einen Schluss zu: Es musste ein Werk Satans sein.

* Übersetzung des Urkundentextes: *Hier geschrieben zu Tübingen im Jahre des Herrn 1197. Wir setzen und gebieten mit unserer fürstlichen und landgräflichen Gewalt die Burg ›Zu den Giezzen‹ ewiglich der Witwe Salome …*

Vor Entsetzen war er wie gelähmt, in seinem Inneren tobte ein Kampf zwischen kreatürlicher Furcht vor dem Gehörnten und seinem Ritterschwur und Mannesmut. Bevor der Vasall sich zu einer Entscheidung durchringen konnte, wurde er von einem hölzernen Balken getroffen und brach ächzend zusammen.

Sein letzter Gedanke war, dass er seinem Herrn den feierlichen Eid geschworen hatte, seine Aufgabe getreulich zu erfüllen, dann schwanden ihm die Sinne. Er bekam nicht mehr mit, dass die Urkunde seiner kraftlos gewordenen Hand entglitt und ins Feuer fiel.

Hell lodernd züngelten die Flammen im Kamin gierig daran empor, und binnen weniger Sekunden verwandelte sich das hochherrschaftliche Schriftstück in wertlose Asche.

3.

Sein eigener Schrei hallte ihm noch in den Ohren nach, als ein heftiger Ruck die Zeitmaschine erschütterte. Wie ein hilfloses Bündel wurde Rolf Becker in seinem Sitz hin- und hergeworfen, prallte mit dem Kopf gegen die Stirnwand und sackte benommen in seinen Stuhl. Halb betäubt vernahm er ein gewaltiges Krachen, das so klang, als hätte die Kabine eine Wand oder ein ähnlich massives Hindernis durchschlagen, dann gab es einen erneuten Aufprall, der diesmal aber nicht ganz so schlimm war. Etwas Nachgiebiges musste den Sturz abgefedert haben.

Aufstöhnend barg der Erfinder das Gesicht in den Händen. Alle Knochen taten ihm weh, auf der Stirn prangte eine mächtige Beule. Sein linkes Knie war geschwollen, und seine rechte Schulter brannte höllisch.

Vorsichtig tastete er seinen Körper ab. Offensichtlich war nichts gebrochen, aber einige Blessuren hatte er davongetragen. So schmerzhaft hatte er sich eine Reise in die Vergangenheit nicht vorgestellt.

Von ihm unbemerkt, war das Licht wieder angegangen. Auf dem einstellbaren Rundinstrument prangte in satten Ziffern ›1197‹. Erregt starrte Becker auf das Gerät. Seine Schmerzen waren auf einmal wie weggeblasen. Behutsam, als könnte eine heftige Bewegung die Anzeige erschüttern oder ändern, erhob er sich aus seinem Sitz und tastete nach der Klinke.

War er wirklich im 12. Jahrhundert gelandet? Und wo war er angekommen? Was erwartete ihn draußen? Innerlich schalt er sich einen Narren. Wenn er weiterhin nur abwartend herumstand, würde er es nie erfahren. Entschlossen öffnete er die Tür und spähte hinaus.

*

Aus der Helligkeit seiner Kabine heraus hatte er im ersten Augenblick das Gefühl, sich in einem fensterlosen Keller zu befinden, so schwarz und düster war es draußen, doch dann erkannte er zahlreiche Lichtpunkte – rußende Kienspäne, die an dicken Mauern aus mächtigen Quadern befestigt waren.

Als sich seine Augen an das diffuse Zwielicht gewöhnt hatten, konnte er Einzelheiten erkennen. Über ihm im Dach klaffte ein gewaltiges Loch, zerschmetterte Balken, Bohlen, Dachsparren und Schindeln lagen überall herum.

Die mächtige hölzerne Tafel hatte dem Bombardement standgehalten, Teller, Becher und Schüsseln allerdings waren teilweise zerbrochen, weggeschleudert worden oder unter Holzstücken begraben. Speisereste und umgeworfene Stühle waren im Raum verteilt worden, und dann entdeckte er auch zwei menschliche

Gestalten auf dem von Staub und Trümmern bedeckten Boden, die wohl von herumwirbelnden Scheiten getroffen worden waren und aus mehreren Wunden blutend reglos dalagen.

Nur wenige Schritte von ihm entfernt stand eine Gruppe von altertümlich gekleideten Männern und Frauen, denen das nackte Grauen ins Gesicht geschrieben stand. Bewegungslos, mit offenen Mündern, standen sie da wie zu Salzsäulen erstarrt und starrten Becker an, als wäre er der Leibhaftige.

Irritiert blickte der Erfinder umher, sah nach unten – und erschrak. Jetzt wusste er, warum die Zeitmaschine beim Aufsetzen nicht so stark erschüttert worden war wie beim Durchschlagen des Dachs – ein Mensch hatte den Aufprall abgemildert. Unter der Kabine lag der Körper einer zwar altmodisch, aber festlich gewandeten alten Dame. Man musste kein Arzt sein, um zu erkennen, dass sie tot war.

In die versteinerte Gesellschaft kam Bewegung. Hysterisch schreiend, machten die Frauen ihrem Entsetzen Luft, sanken in Ohnmacht oder rannten wie von Furien gehetzt schrill schreiend und mit gerafften Röcken aus dem Saal.

Während die Männer sich heftig bekreuzigten und einige von ihnen Anstalten machten, ihren Gemahlinnen zu folgen, griffen andere, beherztere Naturen nach ihren Waffen, nahmen eine drohende Haltung ein und machten Anstalten, ihn mit ihren Schwertern zu attackieren.

Becker fuhr der Schreck in alle Glieder, denn er erkannte sofort, dass man ihm ans Leder wollte. Der Tod der alten Dame tat ihm wirklich leid, aber dass seine Zeitreise einem unschuldigen Menschen das Leben gekostet hatte, war ein tragischer Unglücksfall.

Dass man ihn dafür nach dem alttestamentarischen ›Auge um Auge, Zahn um Zahn‹ gleich ins Jenseits befördern wollte, erfüllte ihn mit nackter Angst. Ihn beherrschte nur noch ein Gedanke: Er musste so schnell wie möglich von hier verschwinden.

Von Panik erfüllt schlug er die Tür zu, stellte mit zitternden Händen das Jahr ›1998‹ ein und startete die Zeitmaschine. Es summte und vibrierte, doch es kam ihm wie eine Ewigkeit vor, bis endlich Licht in der Kabine erlosch.

*

Die Zeitmaschine landete auf einer sumpfigen Wiese, über ihr war der freie Himmel. Weit und breit war kein Haus zu sehen, nur in der Ferne, dort, wo der Gießener Stadtteil Wieseck liegen musste, leuchteten die Straßenlaternen. Wie von Geisterhand bewegt, öffnete sich die Tür der Zeitmaschine. Die Kabine war leer …

4.

Noch hatte Justus Liebig früher hier in Gießen gelehrt, hatte Röntgen sich einst in der Stadt aufgehalten, weilte Georg Büchner in ihren Mauern, und Wilhelm Liebknecht wurde hier geboren. Es hatte alles seine Gültigkeit, als man im Sommer 1997 die 800-Jahr-Feier von Gießens Ersterwähnung beging.

Ortseingangsschild Gießen 1997

Die Übergabe der Wasserburg ›Zu den Giezzen‹ als Witwensitz an Gräfin Salome hatte nicht stattgefunden. Es gab keine Urkunde von 1197 und keine Ersterwähnung darüber. Und einem Ort, der nicht existierte, konnte man einundfünfzig Jahre später auch keine Stadtrechte verleihen.

1998, nach der Zeitreise des Erfinders, ist das Areal der Stadt Wiesen- und Ackerland der Wiesecker Landwirte, deren Ort bereits 775 erwähnt wurde. Justus Liebig hat nie in Gießen gelehrt, Röntgen hielt sich nie in dieser Stadt auf, Büchner weilte nicht in ihren Mauern, und Wilhelm Liebknecht wurde nie geboren. Niemand, der je in Gießen geboren wurde, war existent.

Fotos von Gießen verwandelten sich in den Alben in unbelichtete Abzüge, Filme zeigten nur Schwärze, Landkarten einen grünen Fleck. Wer von auswärts kam und hier studiert hatte, stand ohne Diplom, ohne Approbation da. Es gab nie eine Justus-Liebig-Universität, an der die Hochschulreife erworben werden konnte.

Ortseingangsschild Gießen 1998

Sehen Sie in Ihrem Lexikon von 1998 nach: Nach ›gießen‹ (für ›wässern‹) folgt dort ›Gießer‹. Gießen hat es nie gegeben, Sie und dieses Buch natürlich auch nicht.

Was das Zeitparadoxon noch vertrackter macht: Wie konnte Rolf Becker aus der Gegenwart heraus die Vergangenheit manipulieren, obwohl er in der Jetztzeit gar nicht existent war?

*

Die Zeit und das ihr untergebene Paradoxon beratschlagten, ob Rolf Becker existierte, existiert hatte, existieren würde oder nie existent war. Da beiden im Verlauf der Diskussion der Name des Mannes nicht mehr einfiel, kamen sie zu einem eindeutigen Schluss: Gießen gibt's, und Sie natürlich auch.

Nur die Zeit ist jetzt ziemlich perplex und sucht verzweifelt nach ihrem Paradoxon. Es ist auf einmal weg …

Neues Schloß

Der Schein-Heilige

Zum Ende des späten Mittelalters hin geriet die bis dahin katholische Christenheit in Aufruhr – 1517 schlug Martin Luther seine 95 Thesen an die Schlosskirche zu Wittenberg. Bereits acht Jahre später erreichten die ersten Auswirkungen der Reformation auch Gießen.

Ein Mann namens Tromenschlager hielt mit seinen ›Evangelischen Brüdern‹ Einzug in die Mauern der Stadt. Sehr christlich verhielten sie sich nicht. Die Scheiben des Rathauses wurden eingeschlagen, der Bürgermeister wurde verletzt, und allen Herren, Adeligen und Pfaffen wurde angedroht, sie zu erschlagen.

Tromenschlager und sein Anhang wurden aus der Stadt gejagt, doch der Siegeszug des neuen Glaubens war nicht aufzuhalten. 1526 wurden Gießens Bürger wie alle Untertanen des Landgrafen auf sein Geheiß hin lutherisch. Eine neue Zeit war angebrochen – die Renaissance.

*

Noch zur Mitte des 16. Jahrhunderts waren die meisten Einwohner Gießens sogenannte Ackerbürger. Sie waren zwar als Handwerker tätig wie Metzger, Bäcker oder Schuster, doch reichten die Einnahmen aus ihrem Gewerbe meist vorne und hinten nicht, um die Familie sattzukriegen.

So betrieben sie vor den Toren der Stadt zusätzlich Landwirtschaft. Einige waren sogar überwiegend damit beschäftigt, den in Parzellen aufgeteilten mageren Boden zu bestellen und gingen ihrem Gewerbe nur nach, wenn es nichts zu säen, zu pflügen und zu ernten gab.

In den meisten der schmalbrüstigen Fachwerkhäuser und einfachen Katen ging das Licht selten vor neun oder zehn Uhr abends aus. Werkstatt und Laden befanden sich meistens im Erdgeschoss neben oder unter den darüber liegenden Wohn- und Schlafstuben, und wer bei Anbruch der Dunkelheit die Hände einfach in den Schoß legte, musste darben und nagte am Hungertuch.

Eigentlich hätte der Wachszieher und Kerzenmacher Vinzenz Jakob, Bürger all hier, unter diesen Umständen ein wohlhabender Mann sein müssen, doch sein Umsatz lag darnieder. Fröstelnd, in einen derben Mantel gehüllt, bot er auf der Frühjahrsmesse anno 1560 seine Waren feil, doch das Landvolk, das wie immer zu solchen Anlässen in die Stadt strömte, war genauso kaufunlustig wie die Gießener selbst.

Man benutzte lieber die viel billigeren Kienspäne, Tranfunzeln, Pechfackeln, Öllampen oder Talglichter. Gewiss, die Kerzen gaben viel helleres Licht und rußten und stanken nicht, aber wer jeden Groschen zweimal umdrehen musste, griff eben zu wohlfeilerer Ware.

Missmutig blickte Jakob zum Stand des Seilers hinüber. Dessen Geschäft lief, als gäbe es die Stricke, Seile und Taue für ein »Vergelt's Gott!«, während in seiner Kasse nur ein paar lumpige Kupfermünzen lagen. Wenn er daran dachte, dass er daheim vier hungrige Mäuler zu versorgen hatte und ein streitsüchtiges Weib dazu, fror es ihn noch mehr.

Ein Mann mit sorgfältig gestutztem Bart näherte sich. Die Qualität des Tuchs, aus dem der Umhang gewebt war, und die aus edlem Pelz genähte Mütze auf dem Kopf ließen erkennen, dass er zu den wohlhabenden Ständen gehörte, aber die Art der Kleidung verriet auch, dass er kein Einheimischer war. Unter dem Arm trug er einen länglichen Gegenstand, der mit einem Laken verhüllt war.

»Mein Herr, kommt her und schaut!«, rief der Kerzenmacher eifrig. »Bessere und wohlfeilere Ware als bei mir werdet Ihr weit und breit nicht finden!«

Tatsächlich schlenderte der Bärtige herbei und betrachtete die Auslage.

»Ich verwende nur bestes Wachs«, pries Jakob seine Produkte marktschreierisch an. »Zündet zwei meiner Kerzen auf einmal an, und das Antlitz der Sonne wird sich verbergen ob dieser Helligkeit.«

»Man scheint deinen Worten wenig Glauben zu schenken.« Der Mann deutete auf die mageren Einnahmen. »Oder mangelt es dir an Fertigkeiten?«

Der Dialekt des Bärtigen klang fremdartig, verständlich zwar, aber eben eigenartig für hessische Ohren.

»Mein Herr, ich höre an Eurer Sprache wohl, dass Ihr hier fremd seid, dennoch muss ich mich gegen Eure Einschätzung strengstens verwahren.« Vinzenz Jakob fühlte sich in seiner beruflichen Ehre getroffen. »Ihr werdet in der ganzen Stadt keinen Wachszieher und Kerzenmacher finden, der Euch so kunstvolles Handwerk zu einem solch niedrigen Preis offerieren kann.«

»Ich weiß«, lautete die lakonische Antwort. »Wie ich gesehen habe, bist du der Einzige deines Standes in diesen Mauern.«

»Das spricht nicht gegen meine Handwerkskunst und gegen meine Ware«, ereiferte sich Jakob. »Wollt Ihr den Wert meiner Kerzen schlechtreden, um sie niedriger erstehen zu können, oder wollt Ihr mir das Geschäft verderben?«

Erneut deutete der Fremde auf die kümmerlichen Kupfermünzen.

»Letzteres dürfte wohl kaum möglich sein.«

»Also wollt Ihr kaufen?«, erkundigte sich Jakob zweifelnd.

»Nein, ich will dir helfen.« Umständlich entfernte der Mann das Laken von dem Gegenstand, den er im Arm hielt. Eine hölzerne

Statue kam zum Vorschein, die an eine Heiligenfigur erinnerte, wie sie früher in den Kirchen stand. »Er wird dir alle Sorgen abnehmen.«

»Was ist das?«

»Ein Schein-Heiliger. Er ist der Schutzpatron der Wachszieher und Kerzenmacher, also jener Zunft, die ihren Mitmenschen den Schein des Tageslichts auch in der Dunkelheit leuchten lassen.«

»Ich bin Lutheraner wie alle Bürger Gießens und sämtliche Untertanen unseres allergnädigsten Herrn, des hochlöblichen Landgrafen. Warum versucht Ihr, mir den unter ärgster Strafe stehenden Brauch der Katholischen aufzuschwatzen, Heiligenfiguren aufzustellen und sie um Hilfe anzurufen?«

Der Bärtige erwies sich als guter Menschenkenner.

»Dafür, dass in keiner Kirche Gießens Messen gelesen werden dürfen und es in dieser Stadt keinen Priester gibt, der die katholischen Lehren verbreiten darf, weißt du aber viel darüber. Hängst du ihr etwa noch an?«

Vinzenz Jakob hob abwehrend die Hände und bekreuzigte sich entsetzt.

»Bei Gott, dem Allmächtigen, wie kommt Ihr auf derart verderbte Gedanken?«

Dem Kerzenmacher war der Schreck in alle Glieder gefahren. Konnte der Fremde Gedanken lesen? Tatsächlich galt Luthers Lehre erst seit gut dreißig Jahren in Gießen, die päpstliche Doktrin war dagegen schon jahrhundertelang die einzige christliche Religion gewesen, die im Bewusstsein der Bevölkerung entsprechend verankert war. Hinzu kam, dass ja niemand aus Überzeugung konvertiert war, sondern praktisch durch landgräfliches Edikt gezwungen wurde, evangelisch zu werden.

Früher – obwohl das noch gar nicht so lange her war – hatte es für alle Lebenslagen Heilige gegeben, die man anrufen konnte.

Da gab es die vierzehn Nothelfer, jede Zunft hatte ihren Heiligen, jede Gruppe, jedes Gotteshaus und jeder Ort. Auch der Kerzenmacher hatte mehrfach die Heiligen angerufen.

Er tat es nicht unbedingt aus Überzeugung, mehr von der Tradition her bestimmt und aus der Not heraus, denn eigentlich konnte es nicht schaden, so viele Fürsprecher wie möglich zu haben, die bei dem Allmächtigen ein gutes Wort für ihn einlegten. Allerdings hatte es sich für ihn bisher nicht ausgezahlt, sonntags den lutherischen Gottesdienst zu besuchen und klammheimlich ab und an die Heiligen zu bemühen.

»Du brauchst keine Angst zu haben. Ich will dich weder zum Katholiken machen noch in Gefahr bringen.« Die Stimme des Fremden klang beruhigend und überzeugend zugleich. »Der Schein-Heilige ist kein Schutzpatron, den man anrufen kann und zu dem man betet. Er hilft dir direkt und sofort.«

»Wie meint Ihr das genau?«, erkundigte sich der Wachszieher schnell, froh, weiteren inquisitorischen Fragen ausweichen zu können.

»Ich habe den Schein-Heiligen von böhmischen Kerzenziehern erworben, die durch ihn so reich geworden sind, dass sie ihn mir gegen ein entsprechendes Entgelt überließen, um andere Zunftgenossen damit zu beglücken.« Der Bärtige sah sich kurz um, dann stellte er die Statue ab. »Ich überlasse dir den Schein-Heiligen für drei Stunden dieses Markttages. Danach kehre ich zurück, und du kannst entscheiden, ob du ihn kaufen willst, denn er dient nur seinem Besitzer.« Warnend fügte er hinzu: »Du solltest den Schein-Heiligen allerdings nicht zudecken, denn dann nimmst du ihm die magischen Kräfte.«

Ohne sich noch einmal umzudrehen, verschwand der Fremde und war gleich darauf in der Menge untergetaucht.

Verunsichert und hoffnungsfroh zugleich packte Jakob die Figur und geriet dabei fast ins Straucheln. Er hatte ordentlich zugegriffen, weil Holz nun einmal schwer ist, doch die Statue war federleicht. Schnell drehte er sie um, um nachzusehen, ob sie hohl war, aber es gab keinerlei Anzeichen dafür. Der Boden hatte kein Loch, und als er vorsichtig an die Skulptur klopfte, verrieten die dumpfen Töne, dass sie massiv sein musste.

Irritiert verbarg er die Plastik zwischen seinen Kerzen und pries erneut lautstark seine Ware an. Was er nie und nimmer für möglich gehalten hatte, trat ein. Plötzlich drängelte sich reichlich Volk um seinen Stand, und seine Erzeugnisse fanden derart reißenden Absatz, als versprächen sie das ewige Licht.

*

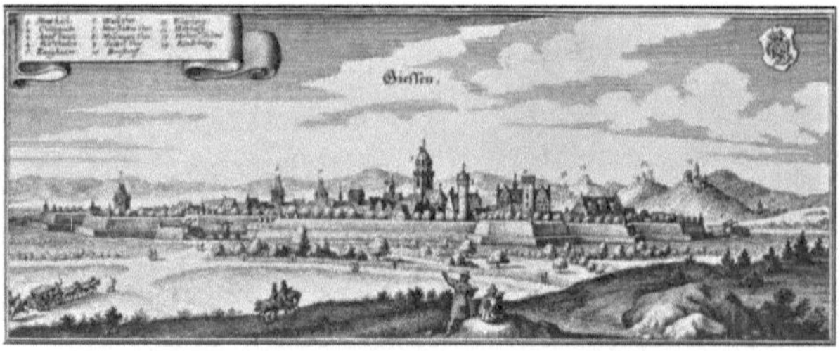

Stadtansicht Gießen Merian 1655

Jakob hatte gerade seine letzte Kerze verkauft, als der Fremde exakt drei Stunden später wieder erschien.

»Nun, habe ich dir zu viel versprochen?« Er lächelte wissend. »Wenn du willst, gehört der Schein-Heilige dir.«

Die Augen des Wachsziehers leuchteten.

»Um welchen Preis kann ich ihn erstehen?«

»Du überlässt mir deine Tageseinnahmen, und ich überlasse dir dafür den Schein-Heiligen.«

»Herr, das ist eine stattliche Summe für einen armen Handwerker wie mich.«

»Warum versuchst du, zu feilschen? Konntest du dich nicht selbst von den magischen Kräften des Schein-Heiligen überzeugen?« Der Bärtige zog die Brauen hoch. »Eigentlich ist er unbezahlbar, denn er wird dir in Zukunft Tag für Tag helfend zur Seite stehen, um deiner Hände Arbeit an den Mann zu bringen.«

Der Kerzenmacher zweifelte nicht an den Worten des Fremden, denn über welche Macht die Statue verfügte, hatte er selbst erlebt. Im Geist sah er sich schon als wohlhabenden Bürger, der den Pflug getrost in die Ecke stellen konnte, um allein von seinem Gewerk zu leben. Gewiss, der Preis war hoch, doch auf die Dauer würde sich der Schein-Heilige bezahlt machen. Und da von ihm nur Geld verlangt wurde und nicht sein Seelenheil dazu, hatte er keine Bedenken, dem Geschäft zuzustimmen.

Ältester Zunftbrief der Stadt Gießen vom 15. Juni 1460 für die Wollenweber

Er ergriff die ausgestreckte Rechte des anderen und schlug ein. Damit war der Handel besiegelt. Ein bisschen wehmütig überließ er dem Fremden die Einnahmen, die dieser mit flinken Fingern in seinen Taschen verstaute.

»Du musst dem Schein-Heiligen ab und an etwas zu essen geben«, bemerkte der Bärtige eher beiläufig, nickte grüßend und tauchte in der wogenden Menge unter.

Völlig perplex blickte Jakob auf die Statue. Wann hatte man je davon gehört, dass eine Figur Nahrung brauchte?

Die Lippen des Schein-Heiligen bewegten sich.

»Hunger«, klang es dumpf aus dem geöffneten Mund. »Hunger.«

2.

Jakob hatte die Skulptur in einem verborgenen Winkel seiner Werkstatt aufgestellt. Schon sehr bald erkannte er, dass es einen Zusammenhang gab zwischen dem Hunger des Schein-Heiligen und seinen magischen Kräften.

Verlangte der nach Nahrung und wurde nicht gefüttert, blieben die Käufer aus, bekam er dagegen zu essen, sobald er sich meldete, blühte das Geschäft. Dabei war er überhaupt nicht wählerisch, was die Art der Speisen betraf. Einen alten Kanten Brot verschmähte er ebenso wenig wie Reste von Mahlzeiten, sogar mit Gemüseabfällen begnügte er sich.

Bald aber reichte das nicht mehr, was in der Küche und bei Tisch übrig blieb. Der Schein-Heilige entpuppte sich mehr und mehr als ein wahrer Nimmersatt, und dem braven Wachszieher blieb nichts anderes übrig, als für den ewig hungrigen Schutz-Patron zusätzlich Korn und Brot zu kaufen. Zwei, drei Laibe verschlang er nacheinander, und immer noch tönte es danach dumpf aus seinem Mund: »Hunger.«

Es dauerte nicht lange, und der Mehrerlös aus dem florierenden Verkauf wurde aufgezehrt durch das Geld, das er für den verfressenen Schein-Heiligen ausgeben musste.

So reifte nach und nach in ihm der Entschluss, sich den Wechselbalg vom Hals zu schaffen. Verkaufen konnte er ihn nicht, denn mit einem Schutzpatron der Kerzenzieher konnten Mitglieder anderer Zünfte nichts anfangen, und so blieb ihm eigentlich nichts anderes übrig, als ihn aus der Stadt zu schaffen.

Jakob hüllte die Figur in ein Tuch und machte sich auf den Weg zur Lahn. Er wollte die Statue in den Fluss werfen, um sich ihrer für immer zu entledigen.

Anfangs konnte er noch zügig ausschreiten, doch je näher er dem Gewässer kam, desto schwerer wurde die Skulptur. Als er endlich die Lahn erreichte, hatte der Kerzenmacher das Gefühl, eine Zentnerlast im Arm zu halten. Gebeugt und ächzend erreichte er das Ufer, ließ den Schein-Heiligen mit zitternden Muskeln zu Boden fallen und rollte ihn mit letzter Kraft ins Wasser. Leicht wie ein Korken tanzte die Figur auf den Wellen und wurde davongetragen.

Erschöpft, aber glücklich über den guten Ausgang, machte er sich auf den Heimweg. Als er die Tür zu seiner Werkstatt öffnete, traf ihn fast der Schlag: Alles, was er in den letzten Tagen geschaffen hatte, war verschwunden, und dort, wo die Figur immer ihren Platz gehabt hatte, stand – der Schein-Heilige. Schmatzend verschwand das letzte Stück Kerze mitsamt Docht in seinem Mund.

»Hunger!«

Jakob geriet außer sich vor Wut. In ohnmächtigem Zorn packte er eine Axt und schlug damit blindlings auf die Statue ein, ohne sie jedoch zu treffen. Er verstärkte seine Anstrengungen, haute wuchtiger und schneller zu, doch irgendwie schien der Schein-Heilige den Schlägen auszuweichen. Das stachelte seinen Zorn noch mehr an, aber so sehr er sich auch mühte, die Figur bekam nicht einen einzigen Kratzer ab.

Einzig der Tisch trug Schäden davon und war den Hieben schließlich nicht mehr gewachsen. Krachend zerbrach er in mehrere Teile, und die Figur polterte zu Boden.

Erschöpft hielt der Wachszieher inne und starrte auf die so harmlos aussehende Skulptur, die ihn um den Verstand zu bringen drohte. Mit einem Wutschrei schleuderte er das Beil zur Seite, packte die Statue und warf sie ins offene Feuer.

Es gab einen lauten Knall, dann schoss eine Stichflamme aus dem Kamin. Prasselnd wurden Funken in den Raum geschleudert, und ehe Jakob wusste, wie ihm geschah, stand die Werkstatt in hellen Flammen.

Mit letzter Kraft entkam der Kerzenmacher mitsamt den Seinen ins Freie, doch das Haus war nicht mehr zu retten. Es brannte lichterloh, und schon griff die wabernde Lohe auf die benachbarten Häuser über.

Vinzenz Jakob hatte Tränen in den Augen, als er in die flirrende Glut blickte. Den Schein-Heiligen war er wohl losgeworden, doch um welchen Preis? Alles, was er noch besaß, trug er auf dem Leib, nur seine Kinder und sein Weib waren ihm noch verblieben.

Das Datum dieses schrecklichen Tages brannte sich auf ewig in seinem Gedächtnis ein. Es war der 25. Mai im Jahre des Herrn anno 1560.

*

In der Chronik der Stadt Gießen ist zu lesen:

»Am calendari 25. mey im jar des Herrn anno domini 1560 geschach also eyn gross leyd alhir. Eyn gewaltich feyer tat wuten in den maueren der statt. Es machte keyn unterschid mer zwisschen dem liecht der sonen am himel vnd dem scheyn der brenend heuser jglicher art. 168 gebeyde warden eyn roub der flamen vnd filen der erde anheim der gestald das sie warden zu assche …

*

Dort, wo das Feuer vor über vierhundert Jahren einst wütete, befindet sich heute der Brandplatz. Auch die Nachfahren des Schein-Heiligen sind an dieser Stelle noch anzutreffen. Und nicht nur hier. Überall im Ort haben sie sich ausgebreitet, sogar in vielen anderen Städten.

Gießen, Brandplatz

Zwar haben sie die Fähigkeit eingebüßt, ihren Hunger akustisch anzuzeigen, und auch ihre Gestalt hat sich geändert, aber unentwegt betteln sie optisch um Fütterung. Nicht ahnend, welche Schlange sie damit an ihrem Busen nähren, werden sie fast rund um die Uhr von mitleidigen Autofahrern gefüttert.

Sobald sie erneut Nahrung verlangen und nicht umgehend bedient werden, versagt nicht nur ihre magische Kraft des Knöllchen-Fernhaltens, sondern die Parkschein-Automaten verleugnen ihren Wohltäter sogar und schreien erbarmungslos nach Hilfspolizisten und Politessen ...

Leib'sches Haus

Der Rock des Artisten

Jahrhundertelang war weder Deutschland noch Hessen ein einheitliches Gebilde, wie wir es heute kennen, obwohl schon die Altvorderen die Hessen kannten – es war der germanische Volksstamm der Chatten. Im Mittelalter gab's diese Benennung längst nicht mehr, aber wer als Nachfahre der Chatten studieren wollte, musste ins ›Ausländische‹ reisen. Die ältesten, Ende des 14., Anfang des 15. Jahrhunderts in Deutschland gegründeten Universitäten waren Heidelberg, Köln, Erfurt und Leipzig. Begüterte Familien wie Adelige, reiche Kaufleute und wohlhabende Bürger schickten ihre Söhne aber auch gerne auf Hochschulen in Italien oder Frankreich, auf dass sie dort ihren Magister oder Doktor machten.

Wer heutzutage ein Auslandsstudium absolvieren will, weiß, dass das ohne die Beherrschung der Sprache des Gastlandes alles andere als einfach ist. Damals war das trotz der ungleich zahlreicheren Grenzen weitaus einfacher. Die Sprache der Gelehrten war vom Mittelalter bis Jahrhunderte danach das Latein, und in dieser Sprache wurde auch an den europäischen Hochschulen gelehrt. Für den entsprechend vorgebildeten Studiosus gab es also keine Sprachbarrieren im heutigen Sinne.

Weibliche Studenten gab es nicht. Das schlagkräftigste Argument bei der Ablehnung junger Frauen zur akademischen Ausbildung war jahrhundertelang zweifellos eine einst simple Vermessung der Gehirne von Toten gewesen, bei denen festgestellt wurde, dass weibliche Gehirne kleiner und leichter sind als männliche, folglich »waren Frauenzimmer infolge zu geringer Leistungsmöglichkeiten ihres unterentwickelten Hirns völlig ungeeignet zum Studiosus«. Erst 1908 erfolgte die Gleichstellung von Mann und Frau. Trotzdem war es für das weibliche Geschlecht schwierig, ein Studium zu absolvieren, da den meisten die schulische Vorbildung fehlte. Bei ihrer Erziehung legte man bedeutend mehr Wert darauf, sie für die drei ›K‹ fit zu machen – für Kirche, Kinder und Küche.

Die erste Hochschule, die auf hessischem Territorium entstand, war die 1527 von Landgraf Philipp dem Großmütigen von Hessen (1504-1567) gegründete Universität in Marburg. Sie war nicht nur die erste in Hessen, sondern zugleich auch die erste protestantische Hochschule, da der Landgraf den Lehren Luthers anhing und sich zum Protestantismus bekannte. Schon zu Zeiten vor Philipps Geburt hatte bereits ein Mönch des Prämonstratenserklosters Spieskappel ein Lied der Lobpreisung auf das Land und die Bewohner Hessens zu Papier gebracht und in einem Abrechnungsbuch mitsamt Noten aufgezeichnet, quasi die erste hessische Hymne auf Latein:

Laudabilis cum gelte, cum gelte, est terra Hassia.
O Hassia fortissima, gens inclita fortissima
(Würdig des Lobes ist mit seinem Stamme das Land Hessen.
Oh tüchtigstes Hessen, weitberühmter, friedlichster Stamm).

Nach dem Tod von Landgraf Philipp wurde das Land unter seinen Söhnen aufgeteilt. Die wichtigsten Territorien, die daraus hervorgingen, waren die späteren Landgrafschaften von Hessen-Kassel, zu dem auch Marburg gehörte, und Hessen-Darmstadt, das auch Gießen einbezog. Als der Kasseler Landgraf 1605 die kalvinistische Lehre in seinem Hoheitsgebiet einführte, gründete der Darmstädter Regent die Universität Gießen. Dozenten wurden die aus Marburg geflohenen lutherischen Theologen, die gewährleisteten, dass es auch eine rein evangelische Hochschule nach der Lehre Luthers war.

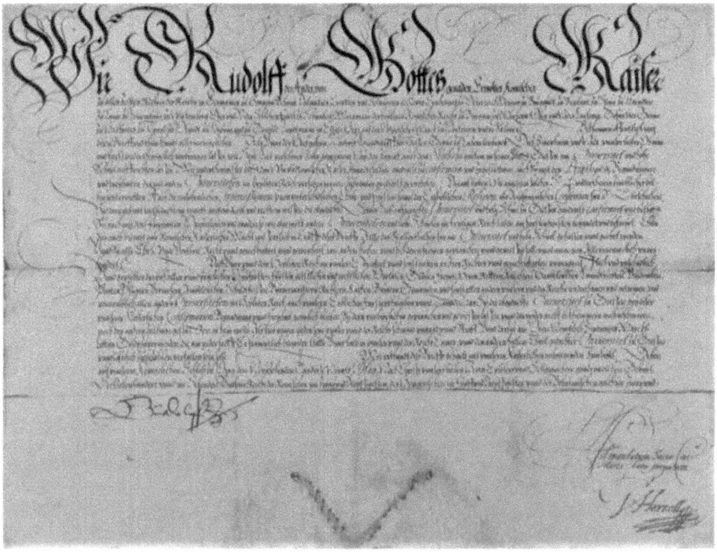

Gründungsurkunde der Universität Gießen, ausgestellt durch Kaiser Rudolf II., vom 19. Mai 1607

Mit neunzehn Professoren und einer Handvoll Studenten startete die Academia Ludoviciana. Es gab vier Studiengänge – die Theologen, die Mediziner, die Juristen und die Natur- und Geisteswissenschaften, genannt ›Artisten‹ (abgeleitet von *Artes* = Freie Künste), deren Schwerpunkt die Philosophie war. Alle Studenten mussten diese Artisten-Seminare absolvieren, bevor sie ihr eigentliches Studium aufnehmen konnten.

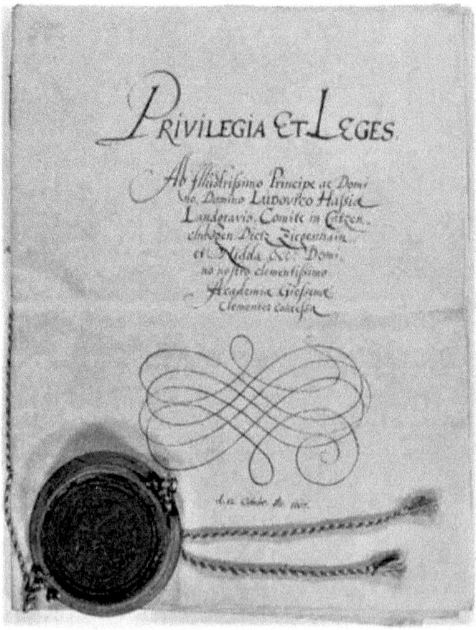

Statuten Landgraf Ludwig V für die Universität Gießen vom 16. Oktober 1607

Abgesehen von den Juristen, der feinsten, erlesensten und teuersten Fakultät, waren die Universitätsschüler arme Schlucker. Zwar stellten die angehenden Theologen die meisten Teilnehmer, aber sie kamen in der Regel aus ärmlichen Verhältnissen und lebten meist kaserniert, weil sie sich kein eigenes Zimmer leisten konnten. Die Mediziner, gering an der Zahl, gehörten auch durchaus nicht zu den Privilegierten, und die Philosophen waren von Haus aus noch weniger betucht.

Ähnlich war auch das Salär der Professoren gestaffelt. Die Artisten waren schäbig bezahlt, besser waren schon die Medizin- und Theologie-Professoren dran, und die einsame Spitze bildeten die Juristen. Da ein Wechsel zwischen den Fakultäten kein

Problem war, strebte jeder Hochschul-Lehrer der Artisten danach, Professor der Medizin oder der Theologie zu werden, nur die Zunft der Juristen blieb ihnen versagt. Sie bildete sozusagen den Universitäts-Adel, und wer als junger Mann Juristerei studiert hatte, konnte sicher sein, dass er nach seinem Abschluss eine Anstellung an den Höfen der Fürsten, Könige oder gar des Kaisers fand, als deren Berater fungierte oder in ihrem Auftrag diplomatischer Vertreter oder Gesandter wurde.

Forschung und Lehre im heutigen Sinne fanden nicht statt. Man vermittelte späthumanistisches Wissen, die angehenden Akademiker lernten und paukten den Stoff, den man schon Generationen vor ihnen in die Köpfe gepresst hatte. Wer die Hochschule erfolgreich hinter sich gebracht hatte, wurde wie schon im Mittelalter Magister oder gar Doktor, und letztere duften sogar lehren, wie es heute bei Privatdozenten der Fall ist.

Originalsiegel der Medizinischen Fakultät der Universität Gießen 1607

Eine akademische Laufbahn – zumindest an der kleinen Universität Gießen – strebte aber kaum einer der Absolventen an, auch Professoren der größeren und älteren deutschen Hochschulen zeigten keinerlei Neigung, in die hessische Provinz zu gehen. So wurden die Professorentitel über lange Zeit quasi ›vererbt‹. Konnte der Sohn eine einigermaßen brauchbare schulische Vorbildung und entsprechende Kenntnisse nachweisen, folgte er irgendwann seinem Vater auf den Posten eines Hochschullehrers.

*

Johann Ludwig Bundschuh war Professor der Philosophie, gehörte also sehr zu seinem Leidwesen zu den Hochschul-Lehrern, die zu den Artisten zählten. Entsprechend spärlich war sein Salär. Von seinen vier Söhnen und fünf Töchtern waren sechs kurz nach der Geburt oder bereits im Kindesalter gestorben, aber auch so hatte er eine Gemahlin zu versorgen und drei hungrige Mäuler zu stopfen.

An diesem frühen Abend strebte er nicht heimwärts, sondern steuerte das Gasthaus ›Im Rothen Löwen‹ an. Das hatte seinen guten Grund: Er war derzeit Strohwitwer. Seine Angetraute war mit den Kindern ins Oberhessische gereist, um ihre kranke Schwester zu pflegen. Die war dort mit einem wohlhabenden Bauern und Grünberger Ratsherren vermählt und hatte in ihrem letzten Brief um Hilfe und Unterstützung gebeten.

Als Bundschuh den Schankraum betrat, sah er sich erst einmal um. Brennende Kerzenstummel auf den Tischen und rußende Öllampen an den Wänden erhellten den Raum. Nur zwei der blank geputzten Holztische waren besetzt. An einem hockte eine Handvoll Studenten. Ihre modische Kleidung aus feinem Tuch ließ erkennen, dass sie aus begütertem Haus stammten. Sie vergnügten sich bei Wein und Würfelspiel.

Der Professor kannte sie. Sie hatten seine Artisten-Seminare besucht oder nahmen noch an ihnen teil, wollten aber allesamt Jurispudenz studieren oder taten es bereits. Am rechten Nachbartisch saßen zwei Honoratioren der Stadt Gießen, der lutherische Pfarrer Johannes Fürchtegott Gellert und der Inhaber der Apotheke ›Zum Pelican auf dem Kreutz‹, Philipp Ludwig Franck. Höflich erkundigte sich Bundschuh, ob er an ihrer Seite Platz nehmen durfte. Beide bejahten, und so ließ er sich ein wenig umständlich auf die harte Bank sinken.

Untertänigst grüßend eilte der Wirt herbei und fragte nach dem Begehren des neuen Gastes. Der erkundigte sich nach dem Angebot an Speisen. Es war dürftig: Nur zwei Gerichte standen zur Auswahl. Der Philosoph entschied sich für das billigere und bestellte gesottenes Schweinefleisch mit einer Portion Sauerkohl, einen Kanten Brot anstatt der obligatorischen Gerstengrütze und einen Krug Bier, dann lehnte er sich entspannt zurück und hörte interessiert dem Gespräch seiner Tischnachbarn zu.

»Als ich den ›Zum Pelican auf dem Kreutz‹ von meinem Vorgänger David Stockhausen anno 1708 übernommen habe, beging die Pelican-Pharmacie gerade ihr fünfzigjähriges Bestehen«, erzählte der Apotheker. »Gegründet wurde sie anno domini 1658 am 5. May von Johannes Wolf Köppel, der aus dem thüringischen Arnstadt stammte und 1655 vor der Medicinischen Facultät seine Apothecer-Prüfung mit gutem Erfolg abgelegt hatte.«

Franck nahm einen Schluck aus seinem Becher.

»Die Gründung war eine rechte Kuriosität, denn es gab bereits zwei Apothecen in Gießen – die Universitäts- und die Stadtapothece. Da aber der Stadt-Apothecer nachlässig arbeitete, seinem Tagwerk oft gar nicht nachging und nur schlecht zu wirtschaften wusste, taten sich Köppel und der Universitäts-Apothecer zusammen. Mit allerhöchster Zustimmung unseres hochwohlgeborenen Landesherrn wurde ihnen gestattet, die Stadt-Apotheke zu erwerben und zugleich zu schließen. So hatte unsere Stadt dann doch wieder zwei Pharmacien.«

»Eine interessante Posse, die Ihr da zum Besten gebt, Herr Apothecer«, schmunzelte Gellert.

»Es ist keine Posse, Herr Pfarrer«, widersprach der Apotheker, »sondern ist sogar actencundig und in den Archiven festgehalten. Aber ein Possenspiel war es natürlich schon.«

Franck beugte sich vor, seine Stimme bekam einen verschwörerischen Unterton.

»Mittlerweile betreibe ich das Geschäft auch schon seit zweiunddreißig Jahren, und ich werde die Pelican-Pharmacie noch in dieser Decade an den Herrn Apothecer Johann Friedrich Braun übergeben. Er ist ein tüchtiger Mann, beherrscht alle Künste der Pharmacie und ist ein erfahrener und geübter Vertreter unseres Standes.«

Der Apotheker leerte seinen Becher und warf ein paar Münzen auf den Tisch.

»Hoch verehrte Herren, ich darf mich jetzt empfehlen.« Franck erhob sich. »Ich muss noch mein Tagwerk vollenden, einige Pillen drehen und Salben zusammenrühren, um die kranken Leiber meiner Klienten von allerlei Zipperlein und Gebrechen zu kurieren und wieder einer guten Gesundheit zuzuführen.«

Der Pfarrer blickte ihm nach, bis sein Gesprächspartner den Raum verlassen hatte, und wandte sich an seinen Tischnachbarn.

»Habt Ihr gewusst, Herr Professorius, dass der ehrwürdige Herr Apothecer sich noch in dieser Decade als Privatier zurückziehen will?«

»Nein, aber er ist schon reich an Jahren und wohl des langen täglichen Tuns müde geworden.« Bundschuh wiegte nachdenklich den Kopf. »Er scheint sein Haus gut bestellt zu haben und dürfte wohl über ausreichende Mittel verfügen, um es des Leibes Notdurft bis ans Ende seiner Tage an nichts fehlen zu lassen.«

»Gebe der Herr, dass es uns als Rentiers ebenfalls nicht an Essen und Trinken und Gottes Beistand mangelt.«

Auch Gellert trank aus und zahlte.

»Verehrter Herr Professorius, ich möchte mich ebenfalls verabschieden. Die Pflicht ruft, und ich habe noch an meiner Predigt für den morgigen Gottesdienst anlässlich des Reformationstages zu arbeiten. Gott schütze Euch!«

Bundschuh grüßte ehrerbietig und sah dem geistlichen Herrn nach, bis er ebenfalls die Schankstube verlassen hatte. Kurz darauf wurde sein Mahl serviert, und er machte sich hungrig über das Gericht her.

In Ermangelung anderer Unterhaltung beobachtete er eifrig kauend das Treiben am Nebentisch. Die Studiosi schienen es nicht eilig zu haben, aufzubrechen, im Gegenteil, die jungen Männer wurden immer vergnügter, die Gespräche immer angeregter und das Treiben immer bunter, und wieder und wieder tauchte der Wirt auf, um Krüge und Becher zu füllen.

Gesättigt schob der Academicus seinen leeren Teller zurück, trank einen Schluck Bier und lehnte sich zurück. Sonderlich bequem war die Bank nicht, und wer wie er eher knöchern und nicht mit einem reich gepolsterten Hinterteil gesegnet war, bekam auch ohne die Beherrschung irgendwelcher Künste deutlich zu spüren, dass Eichenholz ein härteres Material ist als der menschliche Körper.

Einer der Studenten sah vom Würfelspiel auf und begegnete Bundschuhs Blick. Er erhob sich und trat mit einer artigen Verbeugen an den Tisch des Philosophen.

»Gott zum Gruße, hoch verehrter Herr Professorius. Darf ich Euch zu einem Trunk einladen? Ich weiß, es schickt sich nicht, dass ein Academicus sich zu solchem Tun auf eines einfachen Studiosus' unbotmäßige Bitte herablässt, doch wir sind grad in solch trauter Runde, und ich möchte gewissermaßen von aufrechtem Lutheraner zu aufrechtem Lutheraner mit einem Becher guten Weins anstoßen zu Ehren unseres hoch geachteten und geschätzten Reformators Herrn Professorius Martinus Luther, der uns den rechten Glauben gelehrt hat und dessen Anschlag der 95 Thesen an die Schlosskirche zu Wittenberg sich morgen zum 213. Mal jährt.«

Bundschuh dachte kurz nach. Tatsächlich war es mehr als unschicklich, sich zu Studiosi an den Tisch zu setzen, und gar nicht ziemlich war es, sich von ihnen einladen zu lassen, allerdings hatte der Studiosus seine Einladung damit begründet, auf Luther und das morgige Reformationsfest den Becher zu erheben, und da wäre es für einen fest im Glauben stehenden Lutheraner unbotmäßig gewesen, ein solches Ansinnen zu Ehren des Reformators abzulehnen.

»Im Namen unseres seligen Herrn Martinus Luther nehme ich Eure Einladung an.« Bundschuh nickte dem Studiosus hoheitsvoll zu, wie man es gegenüber Knechten und niedrigem Volk zu tun pflegte, trank seinen Humpen leer und erhob sich schwerfällig. Ein wenig steifbeinig wechselte er zum anderen Tisch hinüber, wo ihm die Studiosi bereitwillig neben dem Sprecher Platz machten.

»Herr Wirt, einen Krug Wein und einen neuen Becher für meinen Gast, den hoch verehrten Herrn Professorius!«, verlangte der junge Mann.

Der Gasthaus-Inhaber hatte hinter dem Tresen gedöst, doch augenblicklich erwachte er aus seiner Lethargie.

»Gewiss, gnädiger Herr, ich eile!«

Leichtfüßiger, als man es dem massigen Körper zugetraut hätte, brachte der Gastwirt das Gewünschte und schenkte den Becher voll.

»Wohl bekomm's, hoch verehrter Herr Professorius!« Alle in der Runde erhoben ihr irdenes Trinkgefäß. »Auf unseren ehrwürdigen und geliebten Herrn Reformator, Professorius Martinus Luther – der Herr habe ihn selig!«

Man trank, und Bundschuh leckte sich genießerisch die Lippen. Das war wahrlich ein besserer Trunk als jener saure Rebensaft, den die Gasthäuser für gewöhnlich ausschenkten – ein übler Trank, der den Mund zusammenzog, den Gallenfluss in Wallung brachte und das Gedärm reizte. Ein solch herber Rebensaft taugte besser zum Säuern von Kohl und Bohnen als zur Labsal der Seele.

»Ein trefflich geratener Wein.« Der Philosoph gönnte sich erneut einen Schluck. »An diesen Trank kann man sich wohl gewöhnen.«

Der Studiosus lächelte geschmeichelt.

»Er wird nur in besseren Kreisen getrunken und ist der beste Wein, den der Wirt im Keller hat.«

»Aber sicherlich nicht preiswert zu erstehen.«

»Wolltet Ihr bei einer Einladung zu Ehren unseres Herrn Reformators Essig trinken wie unser Herr Jesus Christus am Kreuz, verehrter Herr Professorius?«

»Seid nicht zu kess mit Eurer Zunge, Herr Studiosus, und bedenkt, dass ich nicht zu Euresgleichen gehöre.«

»Verzeiht mir untertänigst, hoch verehrter Herr Professorius. Es war nicht meine Absicht, die Euch gegenüber nötige Achtung und den gebotenen Respekt in Abrede zu stellen.« Der junge Mann wirkte zerknirscht. »Mein Benehmen Euch gegenüber ist unverzeihlich gewesen.«

Bundschuh nickte gnädig und gönnte sich erneut einen herzhaften Schluck, und je mehr er dem Wein zusprach und je mehr ihm der ungewohnte Alkohol zu Kopfe stieg, umso leutseliger wurde er.

Aus dem anfänglichen Geplänkel entwickelten sich mehr oder minder tief schürfende Gespräche, und da der Rebensaft reichlich floss, ging der Philosoph nach anfänglichem Sträuben sogar darauf ein, sich am Würfelspiel zu beteiligen. Anfangs ging es um den reinen Spaß, dann wurde um einen Krug Wein gespielt, den der Verlierer zu bezahlen hatte, und schließlich lagen die ersten Münzen auf dem Tisch. Man würfelte um Geld.

Bedenken hatte Bundschuh schon längst nicht mehr. Die meisten Runden hatte er gewonnen, und das bestätigte ihn in seiner Auffassung, dass ein über lange Jahre wissenschaftlich geschulter, akademischer Geist den Hirnen des studentischen Pöbels turmhoch überlegen war, auch wenn er aus begütertem und gelehrtem Haus kam und den Stand eines Academius erreichen wollte.

Der Professorius entschied die meisten Würfelspiele für sich, und seine Barschaft von knapp zwei Gulden hatte sich dank Fortunas schützender Hand auf gut das Doppelte vermehrt. Dann aber riss seine Glückssträhne, und er verlor eine Runde nach der anderen. In seinem Bemühen, die Verluste wieder wett zu machen, wurde er inmitten der stets fröhlicher werdenden Runde immer wagemutiger und stand schließlich völlig mittellos da.

Vom reichlich genossenen Alkohol umnebelt, kam er auf die Idee, nacheinander Rock, Beinkleider und Schuhe als Pfand einzusetzen. Obwohl die Kleidung für Leute ihres Standes viel zu derb und zu schlicht war, willigten die Studiosi ein, und so begann die nächste Spielrunde. Anfangs sah es so aus, als könnte Bundschuh seine Gulden zurückgewinnen, aber dann fielen die Würfel so unglücklich für ihn, dass er zuletzt auch seine Schuhe verlor.

Wortlos, mit hochrotem Kopf, der sowohl auf den reichlichen Weingenuss als auch auf seinen inneren Zorn zurückzuführen war, entledigte er sich seines Rocks, seiner Hose und seiner Schuhe, nickte der Runde kurz zu und verließ nur mit Hemd und Strümpfen bekleidet die Schenke.

»Gehabt Euch wohl, hoch verehrter Herr Professorius!«, riefen ihm die Studiosi nach. In Bundschuhs Ohren klang der Gruß wie Hohn.

Als er die Tür der Gastwirtschaft hinter sich zuzog, empfing ihn eine rabenschwarze Nacht. Weder Mond noch Sterne standen am Himmel, von dem Flüsschen Wieseck und von der Lahn waberten Nebel heran. Ein eisiger Wind, der schon den nahen Winter ankündigte, fauchte durch die Gassen und trug den Gestank von herumliegendem Unrat, dampfenden Misthaufen und fauligem Schlamm mit sich.

Fröstelnd hüllte er sich in sein dünnes Hemd, das zugleich als Nachtgewand diente, und machte sich auf den Heimweg. Die Strümpfe waren schon nach wenigen Schritten nass und vom Schlamm der unbefestigten Straße durchtränkt. Kälte kroch in ihm hoch, das Hemd fühlte sich klamm und feucht an.

Gießen war eine Festungsstadt, von Wällen und hohen Mauern umschlossen, und kasernierte seine Bewohner regelrecht. Viele waren Ackerbürger, deren Handwerk nicht ausreichte, um den Mann oder die Familie rechtschaffen zu ernähren. So bestellten sie tagsüber ihre Felder oder werkelten in kleinen Gärten außerhalb der Stadt. In den Nachmittagsstunden und am Abend gingen sie ihrem Gewerbe nach. In etlichen Häusern, in denen sich die Werkstatt in der Regel im Erdgeschoss befand und die Wohnung in der Etage darüber, brannte auch zu dieser späten Stunde noch Licht. Der trübe Schein von Fackeln, Kerzen und Lampen, der aus den Fenstern fiel, schuf fahle Lichtkegel auf dem Boden der Gasse.

Erbärmlich frierend und mit klappenden Zähnen setzte der Philosoph Fuß vor Fuß, immer bemüht, das empfindlich gestörte Gleichgewicht zu halten. Durch den reichlich genossenen Alkohol gelang es ihm natürlich nicht. Von links nach rechts torkelnd, schwankte er durch die engen Gassen.

Passanten waren zu dieser späten Stunde nicht mehr unterwegs, aber mancher Handwerksmeister warf einen erschrockenen Blick nach draußen, als eine windzerzauste Gestalt in hellem Gewand, von Nebelschwaden umwallt, irrlichternd und vom schwachen Schein der Lichtquellen beschienen, direkt vor den Fenstern seiner Werkstatt auftauchte und wie ein Geist im Dunkel der Nacht verschwand.

Gottesfürchtig, wie sie waren, aber auch noch immer vom alten Aberglauben erfüllt, sanken die meisten auf die Knie, beteten inbrünstig zum Herrn, versprachen Buße und ein Scherflein mehr für die Kollekte, wenn nur der böse Geist sie nicht heimsuchen würde und Heim, Familie und Vieh verschont würden und unversehrt blieben.

Am nächsten Morgen war der Geist bei allen Mitgliedern der verschiedenen Zünfte Tagesgespräch. Da die Gestalt von einigen angesehenen und unbescholtenen Bürgern gleichzeitig gesehen worden war, konnte es sich nicht um das Hirngespinst eines einzelnen Beobachters handeln, sondern um eine unbestreitbare Tatsache. In Gießen war es nicht mehr geheuer, ein Gespenst trieb innerhalb der Mauern sein Unwesen und spukte nachts durch die Gassen.

Zwar hatten die Altvorderen nie davon erzählt, aber das Ereignis gab noch Gesprächsstoff für die nächsten Generationen. Eltern erzählten ihren Kindern davon oder ihren Enkeln, und je nach Phantasie des Erzählers handelte es sich bei dem Geist um ein unglückliches Adelsfräulein, das seinen Liebsten nicht bekommen konnte, um einen von seinem Nebenbuhler ermordeten Burgmannen oder um eine arme Magd, die geköpft worden war, weil sie ihr uneheliches Kind ertränkt haben sollte.

*

Bundschuh erwachte mit einem schweren Kopf. Der Mund war pelzig und entsetzlich trocken, und er verspürte einen wahnsinnigen Durst. In einem Zug leerte er einen ganzen Krug Wasser. Von draußen fiel diffuses Sonnenlicht durch die blank geputzten Scheiben in die Stube. Labsal für seine empfindlichen Ohren war, dass nicht der Lärm vom geschäftigen Treiben auf der Gasse zu hören war, sondern nur das halblaute Gemurmel vorbeikommender Passantengruppen.

Suchend sah er sich im Schlafraum um. Wo um alles in der Welt war bloß seine Kleidung? Vor dem Bett lagen seine Strümpfe, aber wie sahen die aus? Voller Dreck, Mist und Schlamm, und sie waren durch die Schmutzkruste so steif geworden, dass man sie als Stiefel nutzen konnte. Unwillkürlich blickte er an sich herunter. Gewiss, er trug wie gewohnt sein Hemd, aber wie war das zugerichtet? Voller Flecken und Spritzer von Unrat, und es stank regelrecht. Und auch seine nackten Füße sahen aus, als hätte er eine lange morastige Furt voller Gülle durchquert.

Was um alles in der Welt war passiert, wo waren Hose, Rock und Schuhe? Und wo mochte er sich seine restliche Kleidung und seine Gehwerkzeuge so verdreckt haben? Stöhnend presste er seine Hände gegen den schmerzenden Schädel, ließ sich ächzend auf die Bettkante sinken und versuchte sich zu erinnern. Allmählich lichtete sich der Nebel in seinem Kopf.

Er war im Gasthaus ›Im Rothen Löwen‹ gewesen, hatte dort zu Abend gespeist, und dann hatten ihn Studiosi zu einem Trunk eingeladen. Zu einem Trunk? Er glaubte, sich zu erinnern, dass es mehrere Krüge Wein gewesen waren, guter Wein, aber er war im Zechen nicht erprobt, und die Nachwirkungen bereiteten ihm jetzt mancherlei Malheur.

Die Studiosi. Gesichter tauchten auf, erst verschwommen, dann immer klarer. Es waren allesamt Teilnehmer der Jurispudenz-Seminare gewesen oder solche, die an seinen Artisten-Vorlesungen der Philosophie teilnahmen und noch Advokaten werden wollten, jedenfalls kannte er sie alle. Er hatte getrunken, gespielt ... ja, gewürfelt. All sein Geld hatte er dabei verloren, und dann? Er grübelte, und plötzlich fiel es ihm wie Schuppen von den Augen. Er hatte Rock, Beinkleid und Schuhe als Pfand eingesetzt, und auch die hatte er verloren.

So weit gekommen, kam plötzlich Furcht in ihm hoch. Was würde sein Weib zetern und keifen, wenn sie erfuhr, dass er sich dem Trunk hingegeben und sogar einen ordentlichen Rausch eingehandelt hatte? Dass er beim Würfelspiel all seine Barschaft verloren hatte und sogar seine Kleidung?

Bundschuh sackte regelrecht in sich zusammen. Seine Gemahlin hatte strenge sittliche Maßstäbe für ein ordentliches und gottesfürchtiges Leben, aber Völlerei, Trunksucht und Spiel waren verhasstes Teufelswerk und wurden von ihr weder geduldet noch verziehen. Ohnehin hatte er wenig zu sagen, wenn es um alltägliche Dinge ging, aber jetzt würde ihn sein Weib noch sehr viel kürzer halten. Die täglichen Mahlzeiten waren bisher schon alles andere als üppig gewesen, doch in der nächsten Zeit würde

Schmalhans Küchenmeister sein. Denn nicht nur seine Gulden waren weg, sondern auch Schuster und Schneider verlangten tüchtig Geld, um neue Kleidung anzufertigen.

Draußen begannen die Glocken zu läuten.

Oh, Gott, heute ist ja Feiertag!, durchzuckte es den Artisten. *Reformationsfest. Ich muss unbedingt zum Gottesdienst!*

Behende zog er sein Hemd aus, wischte damit über die schmutzigen Füße und riss den Sonntagsstaat aus dem Schrank. Strümpfe, Schuhe, Hemd, Beinkleid und Rock wurden rasch übergestreift, dann nahm er den Katechismus und eilte zur Tür. Hastig trat er auf die Gasse und lief eilends zur Kirche. Es war der 31. October anno 1730.

*

Wie es der Zufall wollte, traf Bundschuh nach Beendigung des feierlichen Gottesdienstes den Studiosus auf den Stufen der Kirche wieder, der ihn gestern eingeladen er. Der tat arglos und grüßte ehrerbietig.

»Kommt doch mal her zu mir«, bat der Professor gallig und zog den Jüngeren zur Seite. »Ihr habt mir am gestrigen Abend einen bösen Schabernack gespielt, Herr Studiosus. Das wird für Euch noch Consequentia an der Universitas haben.«

»Aber hoch verehrter Herr Professorius, wir haben ein paar Gläser auf unseren seligen Herrn Reformator Martinus Luther getrunken und uns ein wenig vergnügt. Was sollte an solchem Tun verwerflich sein?«

»Ihr wisst schon, was ich meine, Herr Goethe«, grollte Bundschuh. »Für einen gläubigen Lutheraner seid Ihr mir gar ein wenig zu locker in Euren Sitten und zu sehr Wein und Spiel zugeneigt, als es sich für einen ehrhaften Christenmenschen und einen eifrigen Studiosus geziemt. Ich werde die Zügel bei Euch künftig straffer ziehen und Euch besonders im Auge behalten. Und was Eure Leistung angeht, verlange ich angemesseneren Ehrgeiz und Ernsthaftigkeit beim Studium der Wissenschaft, als ich bisher bei Euch feststellen konnte. Ein paar Tage Karzer bei Wasser und Brot haben schon manch verderbten Geist auf den Pfad der Tugend zurückgebracht.« Drohend setzte er hinzu: »Falls Euer frevelhaftes Tun nicht ohnehin mit einem Verweis von der Universitas geahndet wird.«

Der Studiosus verbeugte sich stumm, murmelte einen Gruß und machte, dass er davonkam.

*

Kaum zurück in seiner Stube, packte der Studiosus die Kleidung des Professorius zu einem Bündel zusammen und warf sich auf sein Bett, um nachzudenken. Dabei musste er wohl eingeschlafen sein, denn als er die Augen aufschlug, dämmerte es draußen bereits. Zu der Zeit traf er sich sonst mit den anderen Studiosi immer ›Im Rothen Löwen‹, aber an Sonn- und Feiertagen hatte das Gasthaus geschlossen.

Von dem noch in der Nacht mit weinseligen Hirnen gefassten Plan, Beinkleider, Rock und Schuhe des Herrn Professorius heimlich wie eine im Krieg eroberte Standarte unter den anderen Studiosi seines Seminars herumzuzeigen, hatte er mittlerweile Abstand genommen – zu düster klang ihm die verhaltene Drohung des Professorius in den Ohren.

Johann Caspar Goethe

Draußen war es mittlerweile dunkel geworden, kein Mensch war auf den Gassen zu sehen. Er streifte Rock und Umhang über, nahm sich das Bündel und schlich aus dem Haus. Unweit seiner Unterkunft führte einer der Kanäle vorbei, dessen Wasser dafür sorgen sollte, dass Schmutz und Unrat aus der Stadt in die nahe Lahn gespült wurden.

Goethe vergewisserte sich, dass kein unliebsamer Beobachter zu sehen war, dann streute er die Kleidungsstücke nacheinander in das träge dahinfließende trübe Rinnsal, das Rock, Beinkleider und Schuhe langsam mit sich fortspülte.

Zurück in seiner Stube, entzündete er die Öllampe, holte seinen Koffer hervor und rief die Wirtin. Es klopfte, und dann stand eine dralle Person mit einer Kerze in der Hand in der Tür.

»Gnädiger Herr, habt Ihr einen besonderen Wunsch?«

»Ich reise morgen ab. Packt meine Sachen zusammen.«

»Ihr wollt uns so plötzlich verlassen? Ist etwas vorgefallen, Herr Goethe, wart Ihr mit etwas hier im Haus nicht zufrieden? Mit Eurem Zimmer, der Wäsche oder den Mahlzeiten?«

»Nein, nein, die Umstände zwingen mich dazu. Hier, die Miete für den nächsten Monat.« Der Studiosus legte ein paar Münzen auf den Tisch. »An Euch liegt es nicht, und einen Verlust sollt Ihr durch mich auch nicht haben.«

»Ihr seid zu gütig, gnädiger Herr!« Rasch strich die wohlbeleibte Vermieterin das Geld ein. »Ich werde alles so richten, wie Ihr es wünscht.«

*

Wie in jeder mittelalterlichen Stadt war auch in Gießen das Zentrum des städtischen Lebens der Marktplatz. Als man ihn umbaute, stieß man am 10. Juni 2005 im sumpfigen Untergrund auch auf einige Kleidungsreste und Lederfragmente von Fußbekleidung, die der Morast zwar nicht konserviert, aber vor dem endgültigen Verfall bewahrt hatte. Wer konnte schon ahnen, dass es sich bei den Überbleibseln der modrigen Treter um Professorenschuhe handelte, die aus dem Jahr 1730 stammten? Wie die morschen Stofffetzen. Sie hatten einst zum Rock des Artisten gehört, den ein gewisser Johann Caspar Goethe vor seiner fluchtartigen Abreise nach Leipzig in einen der Kanäle geworfen hatte.

Kollegiengebäude der Universität Gießen 1615

Anmerkung:

Johann Caspar Goethe (1710-1782), der Vater von Johann Wolfgang Goethe, besuchte von 1725 bis 1730 das Casimirianum in Coburg und studierte 1730 in Gießen Jura, ab 1731 in Leipzig. 1739 kehrte er noch einmal an die Gießener Universität zurück, um zum Doktor beider Rechte (weltliches und Kirchenrecht) zu promovieren. Anschließend war er am Reichskammergericht in Wetzlar tätig, und 1742 erkaufte er sich für dreihundert Gulden den Titel eines Kaiserlichen Raths bei Kaiser Karl VII. Der war Goethe sehr gewogen, doch als der Monarch 1745 starb, erfüllten sich die Hoffnungen des jungen Juristen auf eine Laufbahn als Diplomat in Diensten des Kaisers nicht. Von Haus aus wohlhabend, zog er sich ins Privatleben zurück, widmete sich fortan seinen Studien und Sammlungen und zusammen mit einem Hauslehrer der Erziehung seiner Kinder, von denen Johann Wolfgang der deutsche Dichterfürst schlechthin werden sollte. Als Johann Cas-

par Goethe starb, vererbte er seinen Nachkommen das nicht unbeträchtliche Vermögen von 90.000 Gulden (umgerechnet ca. 4,5 Millionen Euro).

Justus-Liebig-Universität

Von allerlei Strafen

Dass es früher keine Kriminellen gab, gehört ins Reich der Fabel. Schon in der Bibel ist von Räubern und Dieben die Rede, und auch in unseren Breiten gab es bereits sehr früh Zeitgenossen, die nicht nur nach Leib und Leben ihrer Mitmenschen trachteten, sondern vor allem nach deren Hab und Gut. Es geschah oft nicht, um Reichtümer anzuhäufen, sondern aus nackter Not, um überleben zu können.

Es war nicht das gemeine Volk, das diese Art des Lebensunterhalts in den vergangenen Jahrhunderten neu erfand, sondern der Adel. Verarmte Ritter taten sich darin hervor, Kaufmannszüge zu überfallen und auszuplündern – Raubritter eben, und später nahm sich das verarmte Volk dieses Vorbilds an.

So ist beispielsweise verbürgt, dass in Oberhessen schon 1569 eine Raubritterbande ihr Unwesen trieb, die ihren Sitz auf der Burg Friedberg hatte, während von den eigentlichen Banden aus Zigeunern, verarmten Bauern, Wanderhandwerkern, ehemaligen Soldaten und Bettlern erst ab 1720 die Rede ist. Diese oft aus mehr als fünfzig Personen bestehenden maronierenden Horden waren überaus skrupellos und brutal und schreckten auch vor einem Mord nicht zurück, wenn sie bei einem Einbruch überrascht wurden.

Das Bandenunwesen neigte sich bereits seinem Ende zu, als der berühmt-berüchtigte, am 25.5.1783 in Miehlen (Taunus) geborene Johannes Bückler auf der Bildfläche erschien. Sein Vater gehörte zu den ›unehrlichen Personen‹, was nicht mit ›kriminell‹ gleichzusetzen ist, sondern ein damals gebräuchlicher Begriff für den untersten sozialen Status war. Zu dieser Gruppe gehörten Henker und Scharfrichter, aber auch Zöllner und Schäfer. Noch geringer angesehen waren lediglich die Vaganten – Mittellose, Gestrauchelte, Gestrandete. Bücklers Vater war Tierschinder (Abdecker), und so nannte sich sein Sohn Johannes ›Schinderhannes‹. Er wurde am 21.11.1803 in Mainz hingerichtet.

Johannes Bückler 1803

Wurde ein echter oder auch nur vermeintlicher Gesetzesbrecher ergriffen, hatte er kaum mit Milde zu rechen. Die ›Peinliche Halsgerichtsordnung‹, auch Carolina genannt nach Kaiser Karl V., war von ihm 1532 erlassen worden und sah grausame körperliche Strafen vor: Ein Hühnerdiebstahl konnte mit dem Abhacken der rechten Hand, ein Einbruch mit dem Tod durch Enthauptung gesühnt werden.

Es oblag dem Gericht, nach örtlichen Gewohnheiten zu urteilen. Da der Ankläger meist auch Richter und Polizeigewaltiger in einer Person war, war der Prozessausgang in der Regel klar. Das brachte zwar auch manchen Unschuldigen an den Galgen, doch das nahm man eher in Kauf, als einen wirklichen Ganoven laufen zu lassen.

›Peinliche Halsgerichtsordnung‹ – das ›peinlich‹ stand für Pein, Schmerz, weil schon bei den Verhören Folter angedroht oder sogar angewendet wurde, um ein Geständnis zu erpressen, denn Zeugenaussagen und Beweise reichten zur Verurteilung nicht aus.

Den Anfang machten gewöhnlich Daumenschrauben. Man legte sie dem Angeklagten an und drehte sie zu, bis nach einer halben Stunde das Blut aus den Fingern spritzte. Zeigte das keine Wirkung, kamen meist die Beinschrauben oder ›Spanischen Stiefel‹ zum Einsatz. Zwei Eisenplatten pressten dabei Wade und Schienbein zusammen und wurden nach und nach zusammengedreht, bis die Knochen splitterten. Selbst diese Tortur ließ sich noch steigern durch den Einsatz gezähnter Schrauben oder durch Hammerschläge der Folterknechte auf das Marterwerkzeug.

Daumenschrauben
17. Jahrhundert

Wenn es darum ging, jemanden zu einem Geständnis zu zwingen, konnte man noch auf ein ganzes Arsenal von Foltergeräten zurückgreifen, das sich perverse menschliche Gehirne ausgedacht hatten und deren grausamste Varianten zu Zeiten der Inquisition ›erfunden‹ worden waren.

Man kann sich vorstellen, dass diese unmenschliche Tortur und die wahnsinnigen Schmerzen selbst einen Unschuldigen jede noch so aberwitzige Tat gestehen ließ. Das kostete ihn meist seinen Hals, weshalb der Name ›Halsgericht‹ durchaus zutreffend war.

Auch bei der Art der Todesstrafe zeigte man sich nicht zimperlich. Es wurde verbrannt (vornehmlich Hexen), gepfählt, enthauptet, gehängt und ertränkt. Besonders barbarisch und abschreckend zugleich war das Rädern, das die Römer schon praktizierten. Dabei wurde der Verurteilte auf eine hölzerne Unterlage gelegt und festgebunden, dann wurden ihm mit einem Rad die Knochen im Leib zerschlagen. Die grausame Quälerei dauerte oft Stunden, bis der geschundene Körper endlich sein Leben aushauchte, doch damit nicht genug, wurde der nackte Leichnam durch die Speichen eines Rades geflochten und darauf mit Stricken befestigt.

Selbst im 18. Jahrhundert hatte die mittelalterliche ›Constitution Criminalis Carolina‹ von Karl V. noch Geltung. In einem Erlass aus dem Jahre 1708 verfügte der damalige Landgraf Ernst Ludwig von Hessen-Darmstadt unter anderem: Zigeuner und anderes loses Gesindel, das eine Übeltat begangen hat und sich einer Ausweisung widersetzt, sofort zu verhaften und nach Darmstadt oder Gießen an das ›Peinliche Gericht‹ auszuliefern.

Gelegentlich zeigte das Gericht auch Milde, wenn der Delinquent seine Taten freiwillig bekannte. Er erhielt Straferleichterung dergestalt, dass er erst enthauptet und dann auf das Rad geflochten wurde. Auch der Landesherr konnte Milde walten lassen.

Als man Antonie la Grave alias Johannes la Fortun, den Anführer einer aus Zigeunern bestehenden Räuberbande, endlich dingfest gemacht hatte, wurde er natürlich zum Tode verurteilt und am 2. Juni 1733 hingerichtet. Er wurde zuerst gerädert, nach dem ersten Schlag auf das Herz aber auf ›gnädigsten Befehl seiner hochherrschaftlichen Durchlaucht‹ danach lediglich stranguliert, dann geköpft, sein lebloser Körper wurde aufs Rad geflochten und der Kopf auf einen Pfahl gespießt.

Der Abschreckung wegen wurden die Todesurteile öffentlich vollzogen, und natürlich fanden sich zahlreiche Gaffer und Schaulustige ein, die sich solch ein blutiges Schauspiel und den Nervenkitzel nicht entgehen lassen wollten. Der Henker hatte

Schwerstarbeit zu leisten, wenn der Anführer einer Bande mitsamt seinen Spießgesellen zum Schafott geführt wurde und es eine Massenhinrichtung gab. An solchen Tagen war die ganze Stadt mitsamt Kind und Kegel auf den Beinen, um diesem grausigen Ereignis beizuwohnen.

Gerichtet wurde, wie es in den alten Büchern der Bibel steht: ›Auge um Auge, Zahn um Zahn.‹ Bevor die Verurteilten vom Leben zum Tod gebracht wurden, wie es damals hieß, gewährte man ihnen den Beistand von Geistlichen, und auch auf dem Weg zur Hinrichtungsstätte waren Pfarrer an ihrer Seite. Man demonstrierte die Botschaft von Jesus Christus, doch als es um die Vollstreckung der Strafe ging, wurde es wieder alttestamentarisch.

Wie rüde die Justiz selbst im 19. Jahrhundert noch mit Gesetzesbrechern umging, beweist das am 12. Mai 1812 ergangene Urteil gegen einen gewissen Johann Lang, der aus dem Vogelsberg stammte. Dreiunddreißig Diebstähle und Einbrüche hatte er zugegeben, er war also geständig und zeigte Reue. Das stimmte das Gericht milde: Lang bekam nur lebenslängliches Zuchthaus und Landesverweisung, also Abschiebung. Sollte er je zurückkommen und gefasst werden, war ihm die Todesstrafe sicher.

Jonas Hoos wurde nach seinem ersten Diebstahl mit acht Monaten Zuchthaus und der Verweisung außer Landes bestraft. Als man seiner erneut habhaft wurde, konnte man ihm Diebstahl und Straßenraub in siebzehn Fällen nachweisen. Im Juni 1812 wurde er in Gießen im Alter von 28 Jahren enthauptet.

Was stahlen Diebe und Einbrecher nun, die aus ihrer Not heraus zu Spitzbuben wurden und keiner Bande angehörten? Ein Huhn, einen Krug Öl, eine Kuhhaut, Wäsche von der Leine, ein Stück Speck, einen Zinnbecher aus dem Wirtshaus. Eine eher magere Beute also, und trotzdem waren die Strafen drakonisch.

Es war halt die gute alte Zeit …

2.

Gießen konnte natürlich nicht für sich in Anspruch nehmen, ein urchristlicher Hort zu sein, in dem alle nach den zehn Geboten lebten, andererseits hatte die Stadt im Jahr 1500 nicht mehr als tausend Einwohner, war also überschaubar und anders als Dörfer und Marktflecken Vagabunden und fahrendem Volk nicht zugänglich. Kriminalität war eigentlich für die örtlichen Schultheißen, Räte, Bürgermeister oder wie auch immer die Amtsträger im Laufe der Geschichte hießen, kein Thema.

Polizei im eigentlichen Sinne gab es bis 1530 in Gießen nicht. Erst als Landgraf Philipp der Großmütige die Stadt zur Festung ausbauen ließ, erhielt deren Kommandant, der Hauptmann der ›Statt und Veste Giessen‹ die Order, mit acht Polizeisoldaten für Recht und Ordnung zu sorgen. Über allerlei Zwischenstationen wie Bürgergarden, Polizeidiener und Schutzleute wurde im Laufe der Zeit eine eigene, nicht mehr dem Militär zugeordnete Eingreiftruppe geschaffen.

Als der schon einigermaßen berühmte Johann Wolfgang Goethe (er wurde erst 1782 geadelt) am 18. August 1772 von Wetzlar über Atzbach nach Gießen wanderte, wo er später im Gasthaus ›Zum Güldenen Löwen‹ speiste, traf er unterwegs noch auf Leibeigene, die auf den Feldern arbeiteten, und auch auf sogenannte Landmilizen und -schützen, denen es oblag, Räuber, Banden und Diebesgesindel dingfest zu machen, die im ländlichen Bereich ihr Unwesen trieben.

Erst 1878 wurde für die ›Provinzial-Hauptstadt Gießen‹ wie sie damals hieß, ein ›Reglement über die Organisation des Polizei-Aufsichtsdienstes‹ wirksam, doch es dauerte noch weitere sechs Jahre, bis es am 14. April 1882 ein ›Großherzogliches Polizeiamt Gießen‹ gab.

Es war nur eine kleine Truppe, aber schneidig. In feschen Uniformen, den Bart stets frisch gewichst, mit abgezirkelten Schritten, Autorität in Blick und Haltung, ganz Obrigkeit verkörpernd, waren sie unterwegs, fleischgewordene Inkarnation von Recht und Ordnung.

Lärmende Kinder verstummten sofort, wenn sich die gestrengen Beamten näherten, streitende Nachbarn unterbrachen ihren Disput auf der Stelle, die eher aufmüpfigen Studenten stellten ihre Händel augenblicklich ein, und selbst von den Herren Professoren wurden sie eher untertänig gegrüßt. Sogar die Ganoven vertrieb allein schon der Anblick der Respekt einflößenden Uniformträger.

3.

Mehr buckelnd als grüßend, ganz Untertan, betrat ein Mann das Bureau des ›Großherzoglichen Polizeiamtes Gießen‹. Ein schnurrbärtiger Uniformierter tat Dienst. Zackig grüßend schnarrte er:

»Hilfswachtmeister Müller. Was begehren Sie?«

»Es fällt mir nicht ganz leicht, hier zu erscheinen.« Der Besucher druckste verlegen herum. »Man hat mich um mein Entgelt betrogen.«

»Aha.« Der Beamte wurde diensteifrig. »Was für ein Gewerbe betreiben Sie?«

»Ich bin der Wirt vom Gasthaus ›Zum Güldenen Löwen‹.«

Gasthaus "Zum Löwen"

»Aha.« Müller zückte Papier und Bleistift. »Können Sie sich ausweisen? Und dann zeigen Sie mir Ihre Schankerlaubnis und die Gestattung zur Verköstigung.«

»Herr Hilfswachtmeister, wenn ich untertänigst daran erinnern dürfte, dass es nicht um Licenzen geht ...« Der Gastwirt wand sich wie ein Aal. »Ich möchte ...«

»Den Vorschriften muss Genüge getan werden«, wies ihn der Polizist zurecht und musterte sein Gegenüber mit strengem Blick. »Würden Sie sich also gefälligst ausweisen?«

»Gewiss«, dienerte der Gastronom eilfertig und fingerte in seinen Taschen nach dem gewünschten Papier. »Schmidt ist mein Name. Der Herr Commisär kennt mich höchstpersönlich, denn er pflegt gelegentlich mit seiner Frau Gemahlin in meinem Etablissement zu dinieren.«

»Verstehe!« Der Uniformierte knallte die Hacken zusammen und winkte gönnerhaft ab, als ihm der Wirt den Ausweis hinhielt. »Welches Delikt haben Sie anzuzeigen?«

»Ein Gast hat in meinem Hause ausgiebig getafelt, doch als es ans Bezahlen ging, war er verschwunden.«

Müller hatte eifrig mitgeschrieben.

»Ein besonders dreister Fall von Zechprellerei.« Das Gesicht des Hilfswachtmeisters wurde dienstlich-streng. »Wir werden dieses Delikt sofort zur Anzeige bringen. Er strich sich über den Bart. »Wann geschah die üble Tat?«

»Gegen ein Uhr mittags.«

Müller warf einen Blick auf den im Bureau angebrachten Zeitmesser.

»Vor knapp einer Stunde also. War der Kriminelle beritten?«

»Nein.«

»Gut.« Der Beamte nickte zufrieden. »Nannte er seinen Namen?«

»Ja«, antwortete Schmidt, froh, dass man sein Anliegen so wichtig nahm. »Er nannte sich Goethe, ich glaube, Johann Wolfgang Goethe.«

Nachdenklich kaute Müller auf seinem Bleistift herum, dann hellte sich seine Miene plötzlich auf.

»Johann Wolfgang Goethe – den Namen habe ich schon mal gehört.« Der Polizist wirkte auf einmal aufgeräumt. »Das bedeutet, dass er polizeibekannt und aktenkundig ist.« Er fixierte den Gastronomen. »Können Sie den Verbrecher beschreiben?«

Schmidt schilderte den Zechpreller, so gut es ging, während sich der Beamte eifrig Notizen machte.

»Ich werde sofort alle erforderlichen Maßnahmen ergreifen.«

Der Ordnungshüter rückte Koppel und Uniformjacke zurecht, doch dann fiel ihm noch etwas ein. Ganz Respektsperson, marschierte er zu einem Tisch, auf dem ein merkwürdiger Kasten stand, der eindeutig technischer Art war.

»Bevor ich den ganzen Polizeiapparat in Bewegung setze, werde ich erst mal nachfragen, wie die Sache überhaupt weitergeht.«

»Bei wem denn?«, erkundigte sich der Gastwirt neugierig.

»Na, bei dem Verfasser dieser Geschichte.«

»Und wie?«

»Mit diesem Fax hier. Das hat mir der Autor selbst zur Verfügung gestellt.«

»Ein Fax im Jahr 1882?« Zweifelnd sah Schmidt den Uniformierten an. »Meinen Sie, das funktioniert?«

»Sie werden es gleich mit eigenen Augen sehen!«

*

Es war keine gute Idee gewesen, den Romanfiguren ein Fax zu überlassen. Anfangs höflich, dann immer unflätiger und unverschämter, forderten sie mich per Fax rund um die Uhr auf, endlich an der Geschichte weiterzuschreiben, obwohl ich weder Zeit noch Lust dazu hatte.

Was hätten Sie mit Gestalten gemacht, die ihren eigenen Schöpfer beschimpfen und sogar bedrohen? Daumenschrauben angelegt, mit Beinschienen gefoltert oder dem ›Peinlichen Gericht‹ überantwortet?

Nein, das ist unmenschlich und passt nicht in unsere Zeit, allerdings mussten sie weg, und so brachte ich sie kurzentschlossen einfach um. Mit einer Briefbombe, die ich ihnen zufaxte. Natürlich nicht Goethe, denn der war bereits 1832 in Weimar gestorben, und der Zechpreller, der sich den Namen des Dichterfürsten zugelegt hatte, war mir ohnehin egal.

Das ›Großherzogliche Polizeiamt Gießen‹ gibt es längst nicht mehr, und das Restaurant ›Zum Löwen‹ hat seit zig Jahren einen italienischen Besitzer.

Die Gräber von Müller und Schmidt allerdings finden Sie heute noch auf dem Gießener Friedhof …

Liebigmuseum

Der Schlammbeiser

Betrachtet man den Begriff ›Schlammbeiser‹ näher, fällt einem wohl als Erstes der Spottvers über Gießen ein:

»Wer früher wollt' gen Gießen reisen,
der musste durch den Schlamm sich beißen,
drum nannten alle, Volk und Kaiser,
die Gießener ›Schlammbeißer‹.«

Das klingt einleuchtend, denn tatsächlich liegt die Stadt in einem sumpfigen Becken, umgeben und durchflossen von Lahn und Wieseck. Früher war das sicherlich weitaus schlimmer, aber mit ›schlammbeißen‹ liegt man trotzdem völlig daneben.

Wie in vielen Gegenden üblich – so auch in Mittelhessen – verpasste man den Bewohnern von Städten und Dörfern gerne Spitznamen. So gibt es hier geborene Schlammbeiser, zugereiste Schlammbeiser und auch solche, die es noch werden wollen – oder müssen.

Betrachtet man die Sache historisch, ist auch die Schreibweise ›Schlammbeiser‹ falsch, obwohl Schiffe dieses Namens auf der Lahn verkehren und auch ein Denkmal so benannt ist. Richtig wäre es, die Gießener als ›Schlamp-Eiser‹ zu titulieren. Das war in der mittelhessischen Metropole seit alters her ein Berufsstand, der bis Anfang des 20. Jahrhunderts existierte.

Im Prinzip war der Schlamp-Eiser einst ein Kanal-Reiniger, dem die Sauberkeit der Gassen und des Stadtbachs oblag. Ausgerüstet mit einem hölzernen Eimer und seinem wichtigsten, namensgebenden Werkzeug, dem Schlamp-Eisen, einer langen Stange mit einem Haken daran, ging er seiner Tätigkeit nach. Es war ein – wie man sich vorstellen kann – anrüchiges Gewerbe. Und so wurde der Schlamp, der aus den Gässchen und dem Entwässerungsring mit dem Schlamp-Eisen herausgezogen wurde, nicht innerhalb der Tore der Stadt gelagert, sondern mit einem hölzernen Karren vor die Mauern der damaligen Festungsstadt gefahren und diente der Düngung der Felder. Nun könnte man ›Schlamp‹ mit Schlamm assoziieren, tatsächlich handelte es sich jedoch um allerlei Unrat.

Einst stank es in Gießen im wahrsten Sine des Wortes zum Himmel. Mauern und hohe Festungswälle verhinderten, dass zwischen den Häusern der Wind zirkulieren und den üblen Geruch fortwehen konnte. Wie damals üblich, war man meist Selbstversorger und hatte Vieh im Stall stehen. Je nach persönlichem Wohlstand konnten das Schweine, Ziegen und Rinder sein, aber auch Kaninchen, Schafe, Gänse und Hühner.

Wie bei Lebewesen üblich, produzierten die Tiere gewisse Nahrungsrückstände, die über den Darm den Körper verließen. Man häufte diese Hinterlassenschaften zu Misthaufen an, die je nach räumlicher Gegebenheit mal im Hof und mal vor oder neben dem Haus angelegt wurden. Auch die Menschen selbst erzeugten natürlicherweise gewisse Hinterlassenschaften. In Ermangelung von Entsorgung und Kanalisation entledigte man sich dieser anrüchigen Sache – wie im Mittelalter üblich – auf die einfachste Weise. Der Inhalt von Nachttöpfen, Kübeln und Eimern wurde einfach aus dem Fenster oder aus der Tür auf die Gasse gekippt.

Denselben Weg gingen auch Nahrungsreste, die nicht mehr zu gebrauchen waren – Knochen, verschimmelte Lebensmittel, verfaultes Gemüse, zerbrochenes irdenes Geschirr, kurz, alles, was selbst als Tierfutter nicht mehr taugte. Trotzdem durchsuchten Borstenvieh, Hunde und Ratten den Abfall nach Fressbarem, gruben und scharrten und sorgten dafür, dass sich keine riesigen Abfallberge bildeten, sondern dass der Unrat auf den Wegen zwischen und neben den Häusern verteilt wurde.

Um den einstigen Stadtkern herum, der aus Burg, einigen Häusern, Kirche und Marktplatz bestand, zog sich die Ringmauer, geschützt durch den Burggraben und die Bach, welche ringförmig um dieses Gebiet liefen. Diese Bach, der Stadtbach also, war eine oberirdisch angelegte Rinne, die die Abwässer der Bevölkerung aufnahm. Durch Wasserentnahme aus der Lahn wurde das Eingerinn gespült und entleerte seine anrüchige Fracht in die Wieseck oberhalb der Kleinen Mühle.

Mit zunehmender Bevölkerung reichte diese einfache Form der Stadtreinigung nicht mehr. Regenfälle und Überflutungen von Lahn und Wieseck verwandelten den Unrat in den Gassen in stinkenden Morast und übel riechende Jauche und spülten ihn in den Stadtbach, der dadurch seiner Aufgabe nicht mehr gewachsen war. Er verstopfte in immer geringeren Abständen, und anstatt das Abwasser in die Wieseck zu führen, staute er es auf und sorgte selbst für Überflutungen, die buchstäblich zum Himmel stanken. Das war die Geburtsstunde des Gießener Schlamp-Eisers.

*

Einst hatten Dörfer die Stadt Gießen umgeben, die schon zu Zeiten Karls des Großen bestanden hatten, doch sie waren nach und nach wüst gefallen (aufgegeben worden) wie z. B. Grobach (Kropach), Läufertsrod, Achstatt, Ursenheim und Seltzers (Selters), das erst um 1520 endgültig beseitigt wurde. Die Festungsstadt versprach mehr Sicherheit für Leib und Leben und zumindest den Schutz der persönlichen Habe in Haus und Hof.

Die zugezogenen Dörfler als Neubürger von Gießen brachten nicht nur ihren Grundbesitz und die darauf bestehenden Rechte in die Stadt ein, sondern auch die Namen ihrer aufgegebenen

Gemeinden. Es entstanden sogenannte Quartiere in Gießen, die nach den ehemaligen Dörfern benannt wurden und bis Mitte des 18. Jahrhunderts Bestand hatten: Olim (ehemals) Grobach, das von der Ringmauer bis an die Lahn am Neustadter Tor reichte. Olim Seltzers, ebenfalls von der Ringmauer bis zum Selterstor, Olim Astheim, auch an die Ringmauer anschließend bis zum Walltor.

Noch heute erinnern verschiedene Straßennamen an diese früheren Dörfer wie Kropbacher Weg, Läufertsröder Weg, Asterweg (Achstatter Weg), Ursulum (Ursenheim) oder Seltersweg.

Gießen wurde so eine Stadt der Ackerbürger, die zwar meist einen Beruf ausübten wie Bäcker, Metzger, Schreiner, Schuster, die aber nebenbei noch ihre eigene Scholle bearbeiteten oder zumindest ein Stück Land oder einen Garten besaßen, wo sie Obst und Gemüse für den Eigenbedarf heranzogen.

*

Hugo Westbrock wohnte im Quartier Seltzers. Hinter dem winzigen baufälligen Häuschen befand sich ein nur ein paar Quadratmeter großes Gärtchen, in dem er Kohl und Bohnen angepflanzt hatte, die sich auch als Vorrat für den Winter einsalzen ließen. Im Untergeschoss des Hauses befanden sich Verschläge für eine Ziege, die die tägliche Milch lieferte, ein Schwein, sechs Kaninchen und einige Hühner.

Im 1. Stock befand sich die eigentliche Wohnung, die nur über eine wackelige Stiege zu erreichen war. Sie bestand aus einem kleinen Schlafzimmer, das Eltern und einst den jüngeren Kindern als Schlafstatt diente, einer Art Verschlag, den sich die Älteren teilten, einer winzigen Abstell- und Speisekammer und aus der Küche. Einen Keller gab es nicht, und so lagerten Brennholz, Heu und Stroh für die Tiere sicher vor Überschwemmungen und eindringendem Wasser auf dem Dachboden, der nur über eine primitive, altersschwache Leiter zu erreichen war.

Die kleinen Fenster glichen eher Schießscharten denn Eintrittspforten für das Tageslicht, sodass selbst im Sommer ein eher dämmriges Zwielicht in den Räumen herrschte. Der Geruch der Tiere hatte sich über all die Jahre im Gebälk festgesetzt, und so ›duftete‹ auch die Wohnung nach einer Mischung aus Mist, Ziegenpferch und Schweinekoben.

Aus den Erzählungen der Alten wusste Westbrock, dass seine Vorfahren einst aus dem Dorf Seltzers nach Gießen gekommen waren. Anfangs hatten sie noch vom Ertrag der eigenen Äcker gelebt, aber irgendwie war das Land im Laufe der Zeit in andere Hände gekommen. Jedenfalls waren die Bauernnachfahren dann darauf angewiesen, sich andere Tätigkeiten suchen zu müssen, um das tägliche Brot zu verdienen. Es war mühsam genug. In Ermangelung anderer Künste und Fertigkeiten hatten sie sich als Tagelöhner verdingt, als Hausknechte bei wohlhabenden Bürgern, als Gehilfen von Handwerkern und als Laufburschen.

Seit Hugo Westbrock denken konnte, waren seine Vorfahren Schlamp-Eiser gewesen – sein Großvater, sein Vater, und seit Jahrzehnten führte er nun die Familientradition fort. Einen leiblichen Nachfolger hatte er nicht. Von seinen sechs Kindern lebten nur noch zwei Töchter. Ein Mädchen und die drei Jungen waren allesamt nicht mehr am Leben. Die Kleine war schon im Kindsbett verstorben, und die Knaben hatten Krankheiten dahingerafft, bevor sie konfirmiert werden konnten.

Die Tätigkeit als Schlamp-Eiser wurde nicht sonderlich gut bezahlt. Man konnte von dem Lohn mehr schlecht als recht leben, aber die anrüchige und wenig geachtete Arbeit brachte – anders als bei Tagelöhnern – wenigstens ein geregeltes Einkommen mit sich.

Der Schlamp-Eiser war in die Jahre gekommen. Die tägliche Arbeit bei Wind und Wetter forderte allmählich ihren Tribut. Das Kreuz schmerzte, Hände und Knie waren gichtig, die Knochen morsch, und das Laufen fiel ihm auch immer schwerer. Mehr als um sich sorgte er sich jedoch um seine Frau, ein mittlerweile verhärmtes Mütterchen, dessen Finger so steif geworden waren, dass es kaum noch in der Lage war, warme Schals und Socken zu stricken, und auch das tägliche Wasserholen vom Brunnen im Hof in den ersten Stock wurde für sie immer mühsamer.

Söhne, die im Alter für ihn und seine Klara sorgen konnten, gab es nicht mehr. Seine beiden jüngsten Töchter befanden sich längst in heiratsfähigem Alter, aber ein Freier für sie war weit und breit nicht in Sicht. Hoffnungen, sie reich vermählen zu können, damit die Schwiegersöhne ihr Scherflein fürs Altenteil beisteuern konnten, hatte er nicht. Welcher wohlhabende Jüngling würde wohl ausgerechnet eine Jungfrau freien, deren Mitgift lediglich aus ein paar leinenen Laken und Tüchern bestand und deren Vater ein Schlamp-Eiser war?

Wie immer ging Hugo Westbrock bei Einbruch der Dämmerung zu Bett, doch Schlaf wollte sich in letzter Zeit nicht einstellen. Die alten Knochen taten weh, und die klamme Kälte im Schlafzimmer verstärkte das noch. Sorgen quälten ihn, und wenn er endlich in einen unruhigen Schlaf fiel, plagten ihn Albträume. Wie gerädert erwachte er bei Morgengrauen, zog sich ein wenig mühsam seine Arbeitskleidung an und ging in die Küche, wo seine Frau bereits werkelte. Er trank einen Tee aus selbst gesammelten Kräutern, würgte einen harten Kanten Brot hinunter und tappte steifbeinig über die Stiege nach unten in den Stall. Für die hungrig meckernden, grunzenden und gackernden Tiere hatte er keine Augen. Seine Töchter würden gleich herunterkommen, die Tiere zum Fressen vor die Stadt treiben und den Stall ausmisten.

Wie jeden Tag legte er den hölzernen Eimer und das Schlamp-Eisen auf den klobigen Holzkarren und schob ihn vor die Tür. Draußen ging gerade die Sonne auf – Dienstbeginn. Was ihn erwartete, wusste er schon, denn seine Arbeit barg keine Überraschungen, sondern war ein tagtägliches Einerlei: die Gassen und den Stadtbach von Schlamm und allerlei Hinterlassenschaften zu reinigen, damit das Wasser im Gerinn seine übel riechende Fracht ungehindert in die Wieseck abladen konnte, die längst zur Kloake verkommen war.

Schlamp-Eiser mit Stange,
Eimer und Karren

*

Im Jahr 1860 kam auf den Schlamp-Eiser eine neue Aufgabe zu: Immer öfter musste er nun mitsamt seinen für die Abort-Entleerung eingestellten Kollegen die Toiletten-Tonnen leeren. Um die Bürger nicht über Gebühr mit den üblen Gerüchen zu belästigen, erfolgte diese Arbeit in den frühen Abendstunden. Der Inhalt der Kübel wurde auf einen großen Karren geschüttet, und ein Fuhrmann karrte die stinkende Fracht mit seinem Pferdegespann vor die Stadt.

Die einbrechende Dunkelheit spielte dabei keine große Rolle, denn seit 1806 gab es in Gießen eine Stadtbeleuchtung, die 1856 von Öl auf Gas umgestellt wurde, das das Gaswerk zwischen Ostanlage und Wieseck lieferte.

Dass Hugo Westbrock sich jetzt aushilfsweise auch noch um die Beseitigung der anrüchigen Hinterlassenschaften seiner Mitbürger kümmern musste, lag an einer Hygiene-Verordnung der Stadt Gießen. Um zu unterbinden, dass die durch eine wachsende Einwohnerzahl immer größeren Mengen an Abwasser und Fäkalien weiterhin die Gassen verunreinigten, den Stadtbach verstopften oder einfach in der Erde versickerten, wurden die Hausbesitzer verpflichtet, außen an den Hauswänden sogenannte Secreten anzubringen – pro bewohnter Etage jeweils einen.

Die an den Häusern aufgehängten Secreten waren grob zusammengezimmerte Bretterverschläge, die fast so aussahen wie die heutzutage üblichen grauen Mülltonnen und auch nicht viel größer waren. Sie wirkten wie angeklebte eckige Schwalbennester und enthielten den Abort, der über ein hölzernes Fallrohr mit der am Boden stehenden Fäkaltonne verbunden waren. Diese Kübel wurden regelmäßig von städtischen Arbeitern entleert.

Da die Gassen und Hinterhöfe oft so eng waren, dass keine zwei Leute nebeneinander gehen konnten, waren auch die Secreten-Reiniger mit langen Stangen ausgerüstet, an denen sich Haken befanden – ähnlich dem Werkzeug des Schlamp-Eisers. Mithilfe dieser Stangen zogen sie die schweren, oft randvollen Fäkalbehältnisse nach vorne auf die Straße, wo ihr Inhalt dann auf das Fuhrwerk entleert wurde.

Einige Jahre lang half Westbrock noch mit, die Tonnen zu entleeren, dann ging er in den Ruhestand. Mittlerweile hatte er auch seine beiden Töchter verheiraten können. Die Jüngere hatte er mit seinem Patenkind Wilhelm vermählt, einem Sohn seines Vetters, der als städtischer Secreten-Reiniger arbeitete, und die Ältere war von einem tüchtigen Metzgerburschen zum Traualtar geführt worden. So war doch noch alles gut geworden, denn gar zu arg darben mussten Hugo und Klara Westbrock auf ihre alten Tage nicht. Zwar waren beide Schwiegersöhne nicht das, was man in bürgerlichen Kreisen eine gute Partie genannt hätte, aber beide besaßen Berufe, die ihren Mann ernährten, und der Metzger steckte seinen Schwiegereltern von Zeit zu Zeit ein Stück Fleisch, Wurst oder Speck zu, sodass Schmalhans nicht täglich Küchenmeister war.

Das Ende seines jahrhundertealten Berufsstands erlebte der alte Schlammbeiser nicht mehr. Der Stadtbach als Abfallgerinn wurde abgerissen und zugeschüttet, als 1905 die fertiggestellte, unterirdische Stadtentwässerung in Betrieb ging. Schmutz und Fäkalien, die einst der Stadtgraben aufgenommen und fortgespült hatte, flossen jetzt als Abwässer durch ein tief im Erdreich verlegtes Rohrsystem.

*

Elefantenklo

Fragt man einen Gießener nach dem markantesten und zugleich hässlichsten Bauwerk der Stadt, kommt die Antwort wie aus der Pistole geschossen: ›Das Elefantenklo!‹. Diese massige Fußgängerüberführung aus grauem, unverblendetem Beton und den latrinenartigen großen Lichtöffnungen zur darunter liegenden Straße wurde am 28.9.1968 eingeweiht, und obwohl noch niemand je einen der großen Dickhäuter dort seine Notdurft verrichten sah, ist der Name ›Elefantenklo‹ in Gießen ein so feststehender Begriff wie der ›Schlammbeiser‹.

Der Schlammbeiser als typische Symbolfigur Gießens musste nach der Einweihung des Elefantenklos fast noch vierzig Jahre warten, bis auch er endlich ein Denkmal bekam, das am 18.11.2005 eingeweiht wurde. Wie es sich gehört, wurde er mit seinem typischen Schlamp-Eisen und dem hölzernen Eimer dargestellt.

Schlammbeiser-
Denkmal

Seit der Existenz des Denkmals schwören etliche Mitternachtsschwärmer und heimkehrende Kneipenbesucher Stein und Bein, den Schlammbeiser zu nachtschlafender Stunde auf der Fußgängerüberführung am Selterstor gesehen zu haben, wie er das Elefantenklo reinigt.

Ganz aus der Luft gegriffen scheint das nicht: Musste doch auch der Schlammbeiser in seinen letzten Berufsjahren noch Aborte leeren ...

Ach ja: Mit etwas Verzögerung zum Beginn der Landesgartenschau 2014 in Gießen wurde am Elefantenklo ein Springbrunnen in Betrieb genommen, gestiftet von Hauseigentümern und Geschäftsleuten des Selterswegs, der Einkaufsmeile der Stadt. Er funktioniert in Form eines Wasserfalls, genauer gesagt als eine Art Wasservorhang. Schon witzeln die Gießener, dass das Elefantenklo jetzt endlich auch eine Wasserspülung hat.

Wasserfall am Elefantenklo

Bierselige Spätheimkehrer werden aber auch weiterhin wohl erzählen können, den Schlammbeiser nächtens bei seiner Tätigkeit gesehen zu haben, denn abends wird der Wasserhahn sprich die Pumpe abgedreht, und das Elefantenklo wird wieder zum primitiven Plumpsklo. Da hat der Schlammbeiser wohl das, was man heutzutage eine Jobgarantie nennt ...

Kapelle Alter Friedhof

Das Denkmal

1.

Man schreibt das Jahr 1944. Seit einem halben Jahrzehnt tobt auf dem europäischen Kontinent und in vielen Teilen der Welt ein furchtbarer Krieg. An nahezu allen Fronten befindet sich die Wehrmacht auf dem Rückzug. Zwar wollen die Machthaber des 3. Reichs durch den Beschuss Londons und Südenglands mit V-Waffen nochmals das Blatt wenden, doch die deutschen Truppen werden mehr und mehr in die Defensive gedrängt. In gewaltigen Abwehrschlachten mit vielen Toten und Verwundeten versuchen sie, die übermächtigen Armeen der Alliierten aufzuhalten – vergeblich.

Am 20. Juli 1944 unternehmen deutsche Widerstandskämpfer den verzweifelten Versuch, das Gemetzel durch den Tod des Diktators zu beenden, aber das Bombenattentat des Oberst Claus Schenk Graf von Stauffenberg im Führerhauptquartier ›Wolfsschanze‹ misslingt. Hitler rächt sich blutig. Er führt am 1.8.1944 die Sippenhaft ein und lässt im Zusammenhang mit dem Anschlag bis zum Kriegsende rund fünftausend Menschen hinrichten und ermorden.

Rumänien erklärt Deutschland am 25.8.1944 den Krieg, am 8.9.1944 Bulgarien. Obwohl sich die endgültige Niederlage deutlich abzeichnet, gibt Hitler nicht auf: Am 25. September 1944 erfolgt mit der Aufstellung des deutschen Volkssturms eine Generalmobilmachung, die alle Männer zwischen 16 und 60 Jahren zu den Waffen ruft.

Schon im März 1944 wird Gießen von vereinzelten Bomben getroffen, am 20. Juli kommen bei einem Bombenabwurf zwei

Menschen ums Leben. Am 3. und 4. Dezember ist die Stadt das Ziel von britischen und amerikanischen Luftangriffen, zur Tragödie für Gießen wird jedoch der 6. Dezember 1944, der Nikolaustag.

Binnen fünfundzwanzig Minuten wird die Stadt von 247 Bombern der Royal Air Force fast völlig ausgelöscht, um 20.27 Uhr liegen neunzig Prozent der Innenstadt in Schutt und Asche. Weitere Bombardements am 11. und am 24.12.1944 folgen, kaum ein Stein bleibt auf dem anderen.

Schulstraße/Ecke Marktplatz
Frühjahr 1945

Am 28.3.1945 marschieren die Amerikaner in Gießen ein, am 7. Mai 1945 unterzeichnet Generaloberst Alfred Jodl die Gesamtkapitulation der deutschen Wehrmacht. Der furchtbarste Krieg, den die Welt je erlebt hat, ist damit zu Ende, der Leidensweg für die betroffenen Menschen aber noch lange nicht.

*

Verfassung des Landes Hessen, beschlossen von der Verfassungsberatenden Landesversammlung in Wiesbaden und angenommen durch den Volksentscheid am 1.12.1946.

Artikel 36, 1: Die Wirtschaft des Landes hat die Aufgabe, dem Wohle des ganzen Volkes und der Befriedigung seines Bedarfs zu dienen. Zu diesem Zweck hat das Gesetz die Maßnahmen anzuordnen, die erforderlich sind, um die Erzeugung, Herstellung und Verteilung sinnvoll zu lenken und jedermann einen gerechten Anteil an dem wirtschaftlichen Ergebnis aller Arbeit zu sichern und ihn vor Ausbeutung zu schützen.

2: Im Rahmen der hierdurch gezogenen Grenzen ist die wirtschaftliche Betätigung frei.

2.

Trotz seines eher amtlich klingenden Namens war Willi Behörden alles andere als ein Beamter. Nach der Entlassung aus der amerikanischen Kriegsgefangenschaft stand der gelernte Maurer wie die meisten Deutschen vor dem Nichts.

Um zu überleben, zog er mit dem Rucksack auf dem Rücken über die Dörfer, verdingte sich bei Bauern als Knecht und Erntehelfer, hamsterte ein wenig hier und dort, doch es war ein mühsames Geschäft. Also verlegte er sein Tätigkeitsfeld in das zerstörte Gießen. Er handelte mit Schrott und Altmetall, tauschte auf dem Schwarzmarkt Butter gegen Zigaretten, Mehl gegen Nylons, Brot gegen Uhren, Kartoffeln gegen Whisky und Steckrüben gegen Feuersteine.

Bald hatte er sich so weit nach oben ›getauscht‹, dass er über ein hübsches kleines Lager der begehrtesten Dinge in ›Warenwährung‹ verfügte und sich auf größere Geschäfte einlassen konnte. Und so griff er sofort zu, als ihm eine Fuhre Zement angeboten wurde.

Natürlich war dieses ›Organisieren‹ alles andere als legal, aber das Auge des Gesetzes konnte nicht überall sein. Für eine Flasche amerikanischen Brandys war ein Kohlenhändler bereit, die kostbaren Säcke auf seinem klapprigen, mit einem Holzvergaser betriebenen Opel Blitz auf Schleichwegen nach Gießen zu bringen.

Hier standen zusätzlich vier mit jeweils drei Lucky Strike-Zigaretten bezahlte Helfer bereit, um die wertvolle Fracht bei Nacht und Nebel zu ›bunkern‹. Wegen der Streife gehenden Schupos und der amerikanischen MP musste das Abladen schnell gehen, und zwölf Hände schafften nun einmal mehr als vier.

Alles ging gut, und Behörden besaß jetzt einen Schatz, den sonst keiner hatte, den aber jeder in der zerbombten Stadt brauchte: Zement. Und damit begann sein Aufstieg.

*

Ja, er hatte es zu etwas gebracht, der Selfmademann, wie sich Willi Behörden selbst gern nannte. Als selbstständiger Bauunternehmer hatte er mit dazu beigetragen, dass Gießen allmählich wieder Gestalt annahm und bewohnbar wurde. Zwar gab es

Anfang der Sechzigerjahre immer noch Baulücken, aber die meisten davon waren geschlossen, und eine Vielzahl davon durch seine Firma.

Dass er es dabei zu deutlichem Wohlstand brachte, war nicht nur ein willkommener, sondern auch ein beabsichtigter Effekt. Längst war sein Unternehmen in der Stadt das größte seiner Art, und wo immer Asphalt gekocht, geteert und betoniert wurde oder Steine aufeinander zu schichten waren, baggerten, walzten und fuhren die Baumaschinen mit dem Emblem des ehemaligen Maurers.

Man kannte ihn als fürsorglichen Ehemann und treu sorgenden Familienvater, aber auch als Geizhals und knallharten Geschäftsmann, eher barsch im Ton und von einer gewissen Hemdsärmeligkeit.

Als guter Deutscher hatte es ihn empört, als am 13. August 1961 die Berliner Mauer errichtet wurde, doch als Unternehmer hätte er den Auftrag schon gerne gehabt.

Das galt auch für den Bau des anstehenden Komplexes, der im Zentrum der Stadt entstehen und den bisherigen Provisorien ein Ende machen sollte. Die Ausschreibungsunterlagen hatte er sich längst besorgt, und er wollte unbedingt den Zuschlag bekommen. Nicht nur wegen des Gewinns aus diesem Auftrag, nein, er wollte ihn vor allem fürs Prestige. Was er gegenüber Dritten nie zugegeben hätte: Er litt unter Minderwertigkeitskomplexen …

*

Behördens Frau Karin entstammte einer alt eingesessenen Gießener Familie. Ihr Vater war Arzt, und dessen Vorfahren waren ebenfalls Akademiker, hohe Beamte und sogar Professoren. Auch

Karin hatte nach dem Notabitur studieren wollen, doch durch die Kriegs- und Nachkriegswirren war daraus nichts geworden.

Entsprechend ihrer Erziehung und dem Stil ihres Elternhauses liebte sie klassische Musik, Literatur, Malerei und Theater, sie verstand es, ausgezeichnet Konversation zu machen und konnte nicht nur ein Rotweinglas von einem Weißweinglas unterscheiden, sondern vermochte es auch, einen Fasan zu tranchieren oder mit der Hummergabel umzugehen.

Nichts davon ging dem bodenständigen Maurer ab. Er hatte nur die Volksschule besucht, las lieber Aufmaßzahlen als Goethe und Schiller, trank Bier aus der Flasche, mochte Erbsensuppe und Bratkartoffeln und gab dem Pullover gegenüber Schlips und Kragen eindeutig den Vorzug.

Da er zu den betuchtesten Bürgern Gießens gehörte, ließen sich gewisse gesellschaftliche Verpflichtungen nicht vermeiden, zumal seine Schwiegereltern zu den Honoratioren der Stadt gehörten und seine Frau alles tat, um ihn in den gehobenen Kreisen zu etablieren.

Das gestaltete sich nicht gerade einfach, denn Willi Behörden grauste es regelrecht vor den Einladungen zu Cocktailpartys mit dem Vermerk: Smoking erwünscht. Lieber hätte er eine Baugrube mit der Schaufel ausgehoben, als einen solchen Abend mit Smalltalk über sich ergehen zu lassen.

Seine hoch angesehenen Mitbürger hatten längst mitbekommen, dass der Bauunternehmer selbst mit geläufigen Fremdwörtern nichts anfangen konnte, Bonmots meistens nicht verstand, Dali für ein Waschmittel hielt und Mozart für den Erfinder der gleichnamigen Pralinenkugel.

Nur mit Rücksicht auf seine Frau und deren Eltern zeigte man dem Emporkömmling nicht offen, was man wirklich von ihm hielt, aber abfällige Blicke und das Getuschel hinter vorgehaltener Hand waren Indiz genug dafür, dass der ungehobelte Klotz eigentlich so gar nicht in diese erlauchte Gesellschaft passte. Es war die gleiche, von Neid und Missgunst diktierte Verachtung, mit der der verarmte Adel auf die Industriebarone des Wirtschaftswunders herabsah.

Behörden, der das Mokkatässchen immer noch nicht mit abgespreiztem kleinen Finger halten konnte, weil das Gefäß in seiner Pranke fast verschwand, wusste, was man über ihn dachte. Er wusste aber auch, dass er die gesamte hochnäsige Gesellschaft aufkaufen konnte, wenn er es nur wollte. Doch das wollte er nicht, er wollte auch nicht in Vorständen irgendwelcher Stiftungen, Vereine oder wohltätiger Organisationen seine knappe Zeit opfern, er wollte kein Mäzen sein, und wann immer man ihn um Spenden für derartige Institutionen bat, lehnte er ab mit dem Hinweis darauf, wie sauer er sein Geld verdienen müsse.

Ob dieser Sparsamkeit, wie er es nannte, war es fast zum Eklat mit seinem Schwiegervater gekommen, als es darum ging, die Gießener Universität mit einem Geldbetrag zu unterstützen. Wie gewohnt hatte der Bauunternehmer mit »Danke, ich gebe nichts!« geantwortet.

»Mein lieber Willi, wie du dir vorstellen kannst, ist eine Arztpraxis wahrlich keine Goldgrube, aber ich habe für den guten Zweck DM 500,- gespendet, und das sollte dir unsere Hochschule allemal wert sein.«

»Hör zu, Schwiegervadder, du hast an dere Universität studiert, isch net. Du kannst dei Geld dafür zum Fenster nauswerfe, isch net. Un wann du denkst, das du net genug verdienst, dann mach doch einfach dei Bud zu und fang bei mir an. Bist dann ebbe der Leibarzt von Karin, den Kinnern un mir. Un isch geb dir hunnert Mark mehr im Monat, als du jetz hascht.«

Der Mediziner bedachte seinen Schwiegersohn mit einem Blick, der einen sensibleren Menschen auf der Stelle getötet hätte, hauchte ein entsetztes »Plebejer!« und verließ fluchtartig das Zimmer.

Seine Frau mochte der Baulöwe nicht fragen, was der Ausdruck bedeutete, also schlug er im Lexikon nach. Dass das Wort keine Schmeichelei sein konnte, hatte er sich schon gedacht, aber was er las, nötigte ihm schon Respekt ab. *Plebejer*, aus dem Lateinischen abgeleitet, gewöhnlicher, ungebildeter, ungehobelter Mensch, ordinär, unfein.

Willi Behörden nickte anerkennend.

»Stil hat er ja, der Herr Dockter.« Seufzend klappte er das Nachschlagewerk zu. »Aber Arschloch hätt isch halt gleisch verstande.«

*

Der Traum von Willi Behörden war, sich so in Gießen zu etablieren, dass man ihn nicht nur akzeptierte, sondern zugleich in einem Atemzug nannte mit Unternehmer-Persönlichkeiten wie Heyligenstaedt und Gail. Er würde es diesen Naserümpfern schon zeigen. Selbstverständlich nicht durch Mäzenatentum oder Zahlungen aus dem eigenen Geldbeutel, sondern durch die gewinnträchtige Bautätigkeit. Der geplante Komplex war so ein Projekt, mit dem er sich selbst ein Denkmal setzen wollte.

So weit war es aber noch nicht. Karin, seine kunstbeflissene Gattin, hatte ein Dauer-Abonnement fürs Stadttheater, und bei Premieren hatte sich der Bauunternehmer trotz angeblich dringender Termine, Kopfschmerzen, Magengrimmen und was auch immer an körperlichen Missständen plötzlich auftreten konnte, nie durchsetzen können.

Eingezwängt in Fliege und dunklem Anzug, das menschgewordene Unwohlsein, grüßte und begrüßte er mit gequältem Lächeln Neider und Nörgler, Wichtigtuer und Selbstdarsteller, selbstgefällige Kunstliebhaber, Zeitungskritiker und Stadtverordnete, die alle dem Ereignis beiwohnen wollten. Es gab einen Klassiker – Goethes ›Faust‹.

Behörden vermochte dem Schauspiel nur wenig abzugewinnen. Mehrmals gähnte er verstohlen, worauf ihn seine eher zierliche Frau Karin mit resoluten Rippenstößen nicht nur zur Ordnung rief, sondern auch am Einnicken hinderte. Der Unternehmer tat interessiert, doch plötzlich war er hellwach. Die eben gespielte Szene brachte ihn auf eine großartige Idee …

3.

»Herr Direktor, hier ist ein Doktor Deibel, der Sie gerne sprechen möchte.«

»Isch kenn kei Herrn mit dem Name«, raunzte der Bauunternehmer in die Sprechanlage. »Schicke Se ihn weg.«

»Aber er lässt sich nicht abweisen und meint, Sie müssten ihn kennen, weil Sie ihn gestern Abend selbst angerufen haben.«

Behörden schluckte. Mit rauer Stimme erkundigte er sich:

»Sieht dieser Herr Dockter Deibel merkwürdig aus? Isch mein, trägt er vielleicht e bisse seltsam Koppbedeckung?«

»Wie kommen Sie denn darauf, Herr Direktor? Der Herr Doktor Deibel wirkt ganz seriös und hat einen Bowler auf dem Kopf.«

»Ein was?«

»Einen Bowler. Das ist so ein Hut, wie ihn die englischen Gentlemen tragen. Sehr elegant übrigens.«

»Isch hab Sie net nach Ihre persönlische Einschätzung gefragt, Frollein Moosbach, aber schicke Se ihn trotzdem rein.«

»Wie Sie wünschen.«

Beleidigt trennte die Sekretärin die Verbindung und bedeutete dem Besucher, ihr zu folgen. Nach kurzem Anklopfen öffnete sie die Tür zum Chefbüro und verkündete ein wenig schnippisch:

»Herr Doktor Deibel.«

»Danke«, grollte Behörden. Mit einer Handbewegung bedeutete er seinem Besucher, im Sessel vor seinem Schreibtisch Platz zu nehmen. »Wann Se weiterhin für misch tätig sein wolle, Frollein Moosbach, sollte Se in Zukunft etwas mehr auf Ihne Ihrn Ton und die Wortwahl achte.«

»Geht in Ordnung, Herr Direktor.« Die junge Frau ließ sich nichts anmerken, obwohl sie innerlich kochte. »Darf ich Ihnen etwas bringen? Kaffee, Cognac, Bier?«

Behörden sah sein Gegenüber fragend an, doch der winkte ab.

»Danke, nein.« Der Bauunternehmer bedachte seine Vorzimmerdame mit einem strengen Blick. »Isch möcht in de näschst Zeit net gestört werde. Kei Besuche, kei Telefonade. Verstande?«

Ziemlich frustriert verließ die Sekretärin den Raum. Als sich die Tür geschlossen hatte, musterte der Firmeninhaber den elegant gekleideten Mittvierziger ausgiebig.

»Isch bin ziemlich überrascht, dass Se hier auftauche, dazu noch in einem derartige Aufzug.«

»Sie haben mich doch selbst angerufen«, sagte Dr. Deibel gelassen. »Welche Vorstellung hatten Sie denn von mir?«

»Na, e bissi rustikaler, aber des spielt jetzt kein Roll mehr. Komme mir zum geschäftliche Teil. Wie habbe Se sisch unser Zusammearbeit gedacht?«

»Nun, ich werde Ihnen die nötigen Baustoffe zu den vereinbarten Konditionen liefern, und Sie unterzeichnen dafür im Gegenzug diesen Kontrakt.«

Der Besucher zog ein vorgefertigtes Schriftstück aus der Tasche. Behörden überflog es nur kurz, dann zückte er seinen Kugelschreiber zur Unterschrift.

»Nehmen Sie diesen Stift!« Lächelnd hielt Dr. Deibel dem Bauunternehmer einen Füllfederhalter hin. »Mit diesem Schreibgerät werden alle meine Verträge besiegelt.«

»Wie Se wolle.«

Willi Behörden kritzelte seine Unterschrift auf das Papier.

»Damit ist die Vereinbarung gültig.« Der Besucher erhob sich. »Kalkulieren Sie neu. Mit den Materialien, die ich Ihnen liefere, sind Sie preislich unschlagbar.«

»Isch hoff, Se halte Wort.«

»Dafür bin ich bekannt.« Der Mittvierziger erhob sich, lüftete andeutungsweise seinen Hut und ging zur Tür. »Lassen Sie auf Ihrem Materialhof Platz schaffen. Morgen früh sind die Baustoffe da.«

Er wandte sich zum Gehen.

»Und falls Sie noch etwas benötigen – ich liefere prompt. Wie Sie mich erreichen können, wissen Sie ja.«

*

Sehr zum Ärger der Konkurrenz bekam Willi Behörden den Zuschlag zum Bau des Rathauses am Berliner Platz, in das dann im September 1963 endlich alle Ämter einziehen konnten.

Behördenhochhaus

Der Bauunternehmer wurde für sein gelungenes Werk allseits gelobt, und auch sein sehnlichster Wunsch, sich selbst ein Denkmal gesetzt zu haben, ging in Erfüllung: Mehr und mehr bürgerte sich für das Stadthaus die Bezeichnung ›Behörden-Hochhaus‹ bei der Gießener Bevölkerung ein.

4.

Zwei Jahre nach der feierlichen Übergabe, im Oktober 1965, erhielt der Unternehmer erneut Besuch von Dr. Deibel.

»Was wolle **Sie** dann hier?«, polterte Behörden los.

»Wir haben einen Vertrag miteinander. Meinen Teil habe ich erfüllt.« Der Besucher lächelte dämonisch. »Nun sind Sie an der Reihe.« Er nahm den Hut ab, sodass man die Hörner auf dem Kopf sehen konnte. »Ich bin gekommen, um mir die verkaufte Seele zu holen.«

»Aber isch bin doch noch net mal fuffzisch«, empörte sich Behörden.

»Na, und? Eine Laufzeit stand nicht im Vertrag.«

»Warte Se mal, isch zeisch Ihne was.«

Völlig ruhig und gelassen, als ginge es um eine Lapalie und nicht um sein Leben, ging der Firmeninhaber zu einem Schrank, zog einen Ordner hervor und blätterte darin. Endlich hatte er das Gesuchte gefunden und präsentierte es dem Satan triumphierend.

»So, gucke Se sich das mal an.«

»Was soll ich damit? Das ist ein Stück Papier.«

»Des is kei Stück Papier, sondern e Urkund. Isch bin aus dere Kersch ausgetrete.«

»Wahrscheinlich, um die Kirchensteuern zu sparen. Das sieht dir ähnlich, du Geizhals.«

»Mit dene Steuern des is nur e nette Nebeeffekt. Isch bin jetzt Atte… Athe…« Unwirsch winkte Willi Behörden ab. »Scheiß Fremdwörter, aber is ja auch egal. Isch glaub an nix.«

»Ja, und?«

»Es is doch so: Wann isch net an Gott glaub, gibt's den für misch net, klar?« Der Bauunternehmer grinste vergnügt. »Wann isch also sach, Gott gibt's net, kann's demzufolge auch den Teufel net gebe, oder?«

»Mit Bauernschläue kommst du bei mir nicht weiter, du Narr!«, zischte der Gehörnte. »Du hast bei mir einen Kontrakt unterschrieben.«

»Könne Se vergesse«, winkte Behörden gelassen ab. »Isch hab misch von mein Rechtsanwalt berate lasse. Das Überschreibe von sei Seel verstößt gege die gute Sitte.«

»Hör mit diesem juristischen Quatsch auf!«, fauchte der Teufel. »Du weißt genau, wer ich bin!«

»Natürlich. Der Baustoffgroßhändler Dockter Deibel.«

»Aha. Und wie war es möglich, dir derart viel Material quasi über Nacht zu liefern?«, erkundigte sich der Besucher lauernd.

»Sie habbe halt e gut Logistik in Ihre Firma.«

»Und das hier?« Wütend zeigte der Satan auf seine Hörner. »Was ist damit?«

»Sie sind halt immer zu Scherze aufgelegt, Herr Dockter Deibel. Is des Hornhütsche aus Pappe oder Plastik?«

»Weder noch, du Idiot!«, schäumte der Herr der Hölle. »Aber mich hintergeht man nicht. Zur Strafe für dein widerspenstiges Verhalten soll alle Welt gewahr werden, dass du einen Pakt mit mir abgeschlossen hast.«

»Wolle Se den Fetze veröffentliche?«

»Das Denkmal, das du dir mit meiner Hilfe gesetzt hast, wird nicht länger als 33 Jahre halten, dann ist es abbruchreif.«

»Das Behörden-Hochhaus?« Willi Behörden wollte sich ausschütten vor Lachen. »Du bist wirklich e blöde Deibel.« Vor Vergnügen schlug er sich auf die Schenkel. »Des is Stahlbeton. Der hält hundert Jahr, ach, was sag isch, der hält ewig.«

Der Satan zog ein Bild aus der Tasche und reichte es dem Selfmademan.

»Das Foto stammt aus dem Jahre 1997, in dem die Stadt Gießen ihr Jubiläum feiert und Delegationen aus aller Welt hier zu Gast sind.« Die Stimme Luzifers triefte vor Häme. »Jeder kann dann mit eigenen Augen sehen, was aus deinem Denkmal geworden ist.«

Eher belustigt nahm Behörden die Aufnahme in die Hand und betrachtete sie. Das Farbfoto zeigte zweifellos das Behörden-Hochhaus, doch in welch erbärmlichem Zustand präsentierte sich das Gebäude? Maroder Beton, rostige Stahlarmierungen, abgeplatzte Fassadenteile. Seine Erheiterung verwandelte sich in Stirnrunzeln und wich blankem Entsetzen, als er las, was auf dem Schild stand, das vor dem Rathaus im Rasen steckte: »Einsturzgefahr! Betreten polizeilich verboten!«

Behördenhochhaus 1998

Das Entsetzen machte kalter Wut Platz.

»Deibel, des werst du mir büße!«

Mit einem unartikulierten Schrei stürzte sich der bullige Unternehmer auf sein eher schmächtiges Gegenüber.

*

Zwei Tage später erschienen in den beiden Gießener Tageszeitungen großformatige Anzeigen:

Plötzlich und unerwartet, für uns alle unfassbar, verstarb mein lieber Mann, unser herzensguter Vater

Willi Behörden

*7.2.1916 +25.10.1965

In stiller Trauer:

Karin Behörden, geb. Schneider

mit den Kindern Klaus, Sigrid, Bernd

und allen Angehörigen

*

Wer auch immer versucht, etwas über Willi Behörden zu erfahren, über sein Leben und Wirken, wird vergeblich in Archiven und Chroniken, amtlichen Verzeichnissen und Urkunden suchen. Selbst seine letzte Ruhestätte ist nicht mehr bekannt.

Aus Rache, dass man ihn zu hintergehen versuchte, hat der Teufel alle Spuren dieses Mannes und seiner Familie getilgt, und auch das Letzte, was noch an ihn erinnerte, ist schon längst verschwunden: das Denkmal, das er sich selbst gesetzt hatte – das Behörden-Hochhaus ...

Botanischer Garten

Verpasste Gelegenheiten

Allen Unkenrufen zum Trotz ist Gießen stets eine Stadt gewesen, die dem Fortschritt huldigte und immer an vorderster Front stand, wenn es galt, neuen Errungenschaften den Weg zu bahnen. Leider waren es stets die jeweiligen Landesherren, die die Zeichen der Zeit nicht erkannten und so der Stadt das Nachsehen gaben.

Schon 1785 – an Jumbo-Jet und Airbus war noch lange nicht zu denken – versuchte Karl Friedrich Meerwein, Baumeister des badischen Fürsten, sich mit einer Schwingenkonstruktion in die Gießener Lüfte zu erheben. Das misslang, weil man versäumt hatte, eine anständige Start- und Landebahn zu bauen, und so wurde Frankfurt zur internationalen Drehscheibe der internationalen Luftfahrt ...

Flugapparat von Carl Friedrich Meerwein

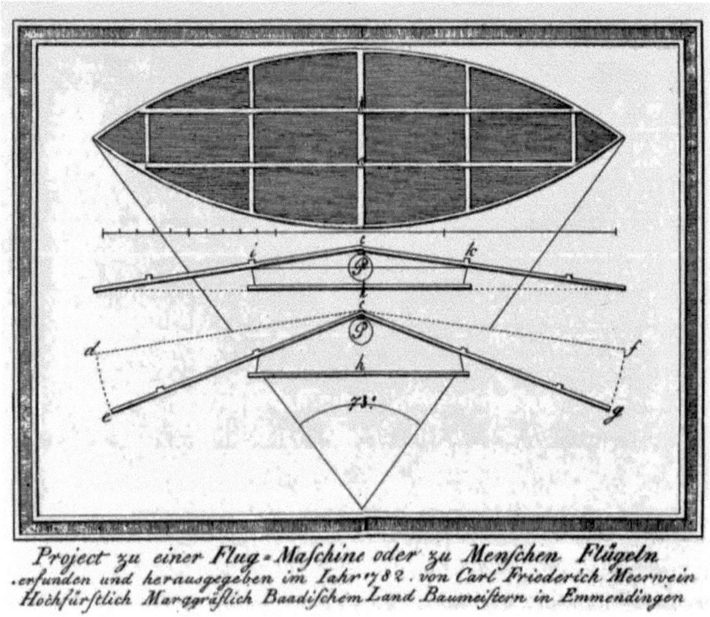

Seilbahnen kennt man eigentlich nur aus den Bergen, doch auch hier war Gießen Vorreiter. Schon 1879 wurde in der Stadt eine Transportseilbahn von 1.400 Metern Länge gebaut, die gewonnenes Erz zum Bahnhof beförderte. Niemand erkannte, welche Möglichkeiten für den Tourismus diese Konstruktion bot, und so reist man eben nach Garmisch-Partenkirchen, um sich eine Fahrt in der Gondel zu gönnen …

Gießen, als Stadt an der Lahn durchaus maritim geprägt, wurde durch den Ausbau des Flusses und die Errichtung von Schleusen 1851 selbst für Schiffe erreichbar, die einunddreißig Meter lang und fünf Meter breit waren und deren Tiefgang drei preußische Fuß (= 95 cm) nicht überschritt. Ob preußische Füße nun kleiner oder größer sind als hessische, bleibt dahingestellt. Tatsache ist, Gießen erhielt nicht den an der Wieseck-Einmündung geplanten Hafen. Damit war auch die Chance vertan, hier Reedereien und Werften anzusiedeln – Hapag-Lloyd blieb in Hamburg ...

Kaiser Wilhelm II., der die mittelhessische Metropole offensichtlich schätzte, erwies ihr ebenfalls einen Bärendienst. Am 1. Mai 1906 besuchte er Gießen und ritt nach der Besichtigung der Kasernen durch die Kaiserallee (die heutige Grünberger Straße) zum Ludwigsplatz. Knapp vier Jahre später, am 15. April 1910, kam Majestät erneut in die Stadt – per Auto. Das wäre nun das Signal an die damaligen Kraftfahrzeug-Hersteller gewesen, hier zu produzieren und Automobilfabriken zu errichten, doch was tat der Blaublütler? Er ritt wieder auf einem Pferd von der Kaserne über die Kaiserallee. Ein derart deutliches Zeichen vergrätzte natürlich auch den gutwilligsten Automobilbauer, und so blieb Opel in Rüsselsheim ...

Als es nach dem Krieg darum ging, eine Bundeshauptstadt zu wählen, setzte sich der Rheinländer Adenauer mit dem eher provinziellen Bonn durch, und auch bei der Wiedervereinigung ging das im Zentrum Deutschlands gelegene Gießen leer aus. Wieder keine Hauptstadt ...

Ortseingangsschild Lahn-Gießen

Nur einmal meinten die Oberen, die Zeichen der Zeit erkannt zu haben und es gut mit Gießen zu meinen. Sie stampften 1977 die jüngste Großstadt Deutschlands aus dem Boden, die neben Gießen und Wetzlar noch zahlreiche andere Orte und Gemeinden umfasste. Das war zu gut gemeint. Zwei Jahre später war die Stadt Lahn, deren geografisches Zentrum kein Marktplatz und nicht einmal eine Ortschaft, sondern der Dutenhofener See war, wieder weg und Gießen wieder Gießen.

Nach so vielen negativen Erfahrungen mit der Obrigkeit hat die Stadt Gießen selbst die Initiative ergriffen und am 12.10.2009 einen Deich eingeweiht. Offiziell wurde er errichtet, um die Weststadt vor dem Hochwasser der Lahn zu schützen. Tatsächlich bewiesen die Verantwortlichen mit diesem Projekt aber Weitsicht im Hinblick auf zukünftige Veränderungen und den kommenden Tourismus.

Angesichts der weltweiten Klima-Erwärmung, verbunden mit dem Abschmelzen der Polkappen und des Anstiegs des Meeresspiegels, wird Norddeutschland irgendwann überflutet sein und Nordrhein-Westfalen zum Wattenmeer. Dann hat Gießen die Nordsee direkt vor der Haustür, und die Urlauber fahren nicht mehr ins untergegangene Büsum, sondern in die mittelhessische Metropole. Die ist ja durch ihren Deich geschützt.

Christoph-Rübsamen-Steg

Im Frühjahr 2014 machte man dann weitere zukunftsweisende Schritte in Richtung Urlaubs-, Strand- und Meeresregion. Der Marineverein stockte, wie Sie bereits wissen, seine Flotte um zwei zusätzliche Schiffe auf, und erstmals verbindet eine neu errichtete Fußgängerbrücke über die Lahn Gießens Nordstadt mit der eingedeichten Weststadt. Und kommt dann die Nordsee, kann man an der Brücke ruckzuck ein Kassenhäuschen aufstellen, an dem die Touristen ihren Obolus entrichten müssen, wenn sie an den Strand hinter dem Deich wollen ...

Mathematikum

Pest

Seit dem Tod seiner Frau lebte der pensionierte Lehrer Friedrich Winter sehr zurückgezogen. Er war der einzige Bewohner eines schmucken Einfamilienhauses. Es gehörte zu einem fast noch dörflich wirkenden Vorort von Gießen und war ein wenig abseits gelegen.

Zu anderen Menschen hatte Winter wenig Kontakt. Alle acht Tage machte er seine Einkäufe, zweimal die Woche kam eine Reinemachfrau vorbei. Die einzige Tochter war ihrem Mann nach Berlin gefolgt. Sie besuchte ihn mit ihrer Familie, zu der auch zwei Kinder gehörten, an seinem Geburtstag und zu Weihnachten.

Das Leben des Siebzigjährigen verlief in festen Bahnen. Sommers wie winters, sonntags wie werktags stand er um acht Uhr auf, bereitete sein Frühstück zu und studierte die Zeitung, spülte danach das wenige Geschirr ab, räumte auf, so gut es ging, und spazierte dann durch den Garten. In der kalten Jahreszeit gab es nichts zu säen, zu jäten oder umzugraben. Er saß dann am Fenster hinter der geschlossenen Gardine und beobachtete die Vögel, die die beiden Futterhäuschen besuchten.

Mittagessen, ein Nickerchen, dann beschäftigte er sich mit seiner Briefmarkensammlung oder seinem einzigen Hausgenossen, einem schon betagten grünen Wellensittich namens Felix; manchmal sah er auch ein wenig fern.

Pünktlich um achtzehn Uhr aß Friedrich Winter zu Abend, danach zog er sich in sein früheres Arbeitszimmer zurück. Das, was nun folgte, hatte er schon praktiziert, als er noch berufstätig gewesen war: eine Art – seine Art – von Feierabend. Es war fast schon eine Zeremonie.

Zuerst holte er ein Glas aus dem Schrank, hielt es prüfend gegen das Licht und vergewisserte sich, dass es fleckenlos war, dann polierte er es. Anschließend nahm er eine Flasche Wein aus dem Ständer und den Korkenzieher.

Umständlich entfernte er den Korken, goss sich einen Schluck ein, prüfte die Farbe des Weins, roch daran und zerkaute ihn regelrecht im Mund. Wie jeden Abend – denn es war stets die gleiche Marke und der gleiche Jahrgang – nickte er zufrieden und schenkte das Glas voll.

Danach entnahm er einem Holzkästchen eine Zigarre, schnupperte daran, nickte wieder und beschnitt sie, bevor er sie mit einem Streichholz in Brand setzte. Genüsslich machte er zwei, drei Züge, trank einen Schluck Wein und widmete sich dann dem Buch, das aufgeschlagen auf seinem Schreibtisch lag.

Nun erst fühlte Friedrich Winter sich als Mensch, er war mit sich und der Welt zufrieden. Da auch Sparsamkeit zu seinen Tugenden zählte, begnügte er sich mit einer 60-Watt-Birne in der stoffbespannten Leselampe.

Er war so in seine Lektüre vertieft, dass er nicht bemerkte, dass sich die Tür öffnete und jemand ins Zimmer trat. Erst als sich der Besucher räusperte, wurde Winter aufmerksam und schreckte hoch.

Der Lichtkreis reichte nicht bis zum Durchlass. Der alte Mann erkannte nur einen dunklen Schatten, der sich nicht bewegte.

»Ist da jemand?«

In seiner Stimme schwang Unsicherheit und Angst mit. Mit zitternden Händen legte er die Zigarre in den Aschenbecher und ließ das Buch sinken. Seine Augen irrten im Zimmer umher, suchten einen Fluchtweg oder eine Waffe. Wer immer ins Haus kam, ohne zu läuten, konnte keine lauteren Absichten haben.

»Verzeiht, Herr, dass ich zu dieser Stunde so einfach bei Euch eindringe und Ihr Euch vielleicht ängstigt, weil Ihr mich für Diebesgesindel haltet.«

»Sie sind also kein Dieb?«

»Nein, Herr, derlei Possen ziemen sich für einen Grünberger Ratsherrn nicht.« Der Mann sprach mit oberhessischem Dialekt, bediente sich aber einer merkwürdigen Sprache – sie klang altmodisch und überholt.

Zweifelnd fragte Winter: »Sie sind Ratsmitglied in Grünberg?«

»Ihr sagt es. Ich bin der Ratsherr Caspar Rabe, Bürger der Stadt Grünberg und wohnhaft daselbst.«

Schwere Schritte näherten sich dem Schreibtisch. Abwehrend hob der alte Mann die Hände. An einen Einbrecher glaubte er nicht mehr so recht, eher daran, dass der Eindringling nicht ganz richtig im Kopf war.

»Bleiben Sie stehen, ich mache Licht.«

Der Mann gehorchte tatsächlich. Darauf bedacht, ihm nicht zu nahe zu kommen, umrundete Winter seinen Schreibtisch und knipste die Deckenleuchte an. Geblendet schloss der andere die Augen.

»Ein gar merkwürdig Licht besitzt Ihr da. Ich habe derlei noch nie gesehen.«

Winter antwortete nicht, er musterte den Fremden. Sonderlich Vertrauen erweckend sah er nicht aus. Seine Kleidung mochte vor dreihundert Jahren vielleicht einmal modern gewesen sein, sie war schäbig und abgetragen und wies zahlreiche Löcher und Flicken auf. Er trug eine hutähnliche Kopfbedeckung, eine Art Strumpfhose und derbes Schuhwerk, die strähnigen Haare waren lang und ungepflegt.

Als der pensionierte Lehrer dem anderen ins Gesicht blickte, erschrak er – nicht wegen der holzschnittartigen Züge, sondern wegen der Farbe der Haut. Sie schimmerte düsterblau.

»Was wollen Sie von mir?«

»Ich bitte Euch darum, mich an Eurem Herd ein wenig wärmen zu dürfen und – vergelt's Euch Gott – um einen Becher Wasser und einen Bissen Brot.« Er sah sich im Raum um. »Ihr besitzt nicht nur ein merkwürdig Licht, auch Eure Schränke und Truhen sind gar seltsam anzuschaun, dabei doch allerliebst.«

Der Mann wandte sich wieder Winter zu.

»Wie ich sehe, haben die Kaiserlichen und die Evangelischen Euer Haus bisher verschont, dennoch solltet Ihr daran gehen, Euer Hab und Gut in Sicherheit zu bringen. Wie ich hörte, zieht Oberst Leslie mit schwedischem und hessischem Volk durchs Land, raubt, plündert und brandschatzt allenthalben und soll bereits vor den solmsschen Dörfern stehn.«

A. Leslie

Furcht empfand der alte Mann nicht mehr. Der Fremde mochte ein Spinner sein, für gefährlich hielt er ihn nicht.

»Sagen Sie mal, Herr Rabe oder wie auch immer Sie heißen mögen, was bedeutet eigentlich Ihr komischer Aufzug? Und was reden Sie da für einen Unsinn von Plünderung und einem Oberst?«

Das von tiefen Falten durchzogene Gesicht des Fremden bekam einen Ausdruck von Bitterkeit, jeglicher Glanz schwand aus den wasserblauen, unter eisgrauen buschigen Brauen liegenden Augen.

»Dass es Euch wohl ergeht, mein Herr, erkenne ich, gleichwohl ist mir bewusst, dass mein Mantel und Gewand für einen Mann meines Standes unwürdig sind. Wäre Frieden im Land – nicht mal ein Gaukler würde sich mit solch schäbigem Tuch begnügen.« Er seufzte und bekreuzigte sich. »Gebe Gott, dass dieser elendige Krieg, der bis dato schon siebzehn Jahre andauert, baldig sein Ende finden möge.«

Winter fixierte sein Gegenüber scharf.

»So, so, siebzehn Jahre dauert der Krieg bereits.«

»Ja, oder wisst Ihr es besser?«

»Allerdings, Herr Rabe. Seit fünfzig Jahren ist der Krieg zu Ende.«

Der nächtliche Besucher, der etwa fünf Jahrzehnte alt sein mochte, starrte den alten Mann an, als zweifelte er an dessen Verstand. Heftig sagte er:

»Niemand ist frei von Sünde, aber Euch scheint der Herr mit Blindheit geschlagen zu haben. Seht Ihr denn nicht, was um Euch herum vorgeht? Grünberg und die Dörfer sind von mehr Soldaten und anderem Volk heimgesucht worden, als Ihr und ich zusammen Finger und Zehen haben. Sie morden, rauben, plündern, brandschatzen, treiben unser Vieh aus den Ställen, zeigen sich ohn Ehr gegenüber Ständen und Zünften, schänden unsere Weiber und Töchter, Basen und Mägde.« Erregt ging er auf und ab. »Hat Euch das niemand zugetragen? Seht Ihr nicht, wenn Feuersbrünste die Nacht erhellen? Hört Ihr nicht den Donner der Kanonen? Oder wollt Ihr derlei nicht hören und sehen?«

Der Mann verhielt vor Winter.

»Was gebt Ihr den Katholischen und den Evangelischen, dass sie Euch ungeschoren lassen? Zwei Taler? Fünf Taler? Ihr mögt reich sein, aber es wird der Tag kommen, wo selbst der mächtigste Besitz aufgezehrt ist. Seht mich an! Wie Ihr Euch denken könnt, war ich als Ratsherr nicht unvermögend. Man schrieb den 25. Oktober im Jahre des Herrn 1634, als die Stadt Grünberg angerannt wurde und man mit Brand und Plünderung drohte. Tausend Taler Brandschatzung mussten gezahlt werden, wozu ich sechzig Taler beitrug. Nicht einen davon habe ich zurückbekommen. Meinen einzigen Besitz trage ich auf dem Leibe, und er wärmt mehr schlecht als recht. Möge Gott verhüten, dass Euch Gleiches trifft, doch lasst Euch sagen: Die Banden der Landsknechte und Söldner sind unersättlich. Zu lange dauert dieser Jammer schon an, als dass das Kriegshandwerk noch seinen Mann ernähren könnte.«

Rathaus Grünberg

»Was reden Sie denn da für einen Unsinn«, gab Winter verärgert zurück. »Sie tun ja gerade so, als hätten Sie den Dreißigjährigen Krieg selbst erlebt. Dafür, dass Sie älter als dreihundertfünfzig Jahre sind, haben Sie sich wirklich gut gehalten«, setzte er spöttisch hinzu und fügte an: »Sie scheinen einen guten Hausarzt zu haben.«

Der Mann wirkte verwirrt.

»Ich verstehe Euch nicht, Eure Sprache ist so anders. Was bedeuten Eure Worte?«

»Welches Datum haben wir heute?«

»Ihr meint Tag und Monat?«

»Ganz recht.«

»Den 25. Oktober.«

»Stimmt«, sagte Winter. »Und welches Jahr schreiben wir?«

»Anno 1635. Doch warum fragt Ihr?«

»Weil Sie in der falschen Zeit sind. Jetzt und hier ist das Jahr 1995.«

»Warum treibt Ihr Spott mit mir? Was liegt Euch daran, einen müden Wanderer zu verwirren?«

Der pensionierte Lehrer lächelte plötzlich und zwinkerte dem anderen vergnügt zu.

»Ich durchschaue Sie – Sie sind Schauspieler, nicht wahr?« Er drohte schelmisch mit dem Finger. »Sie haben Ihre Rolle wirklich gut gespielt, aber einem erfahrenen Pädagogen kann man auf die Dauer nichts vormachen – das haben ganze Generationen von Schülern vergeblich versucht.«

Die Augen des Mannes funkelten.

»Was erdreistet Ihr Euch, mich für einen Angehörigen des fahrenden Volkes zu halten? Mich, einen Grünberger Ratsherrn, nennt Ihr einen Gaukler?« Er nahm eine drohende Haltung ein. »Mein Hab und Gut hat man mir nehmen können, nicht aber Stolz und Ehr. Wäre ich nicht Lutheraner, ich würde Euch auf der Stell niederschlagen und tüchtig piesacken für diese Schmach, damit Ihr's nur wisst.«

»Schon gut, schon gut«, beschwichtigte Friedrich Winter. »Ich wollte Sie nicht kränken.«

Er wusste beim besten Willen nicht, was er von dem Eindringling halten sollte. War es ein Vagabund, ein Landstreicher? Nein, das war mehr als unwahrscheinlich. Das Auftreten und die antiquierte Ausdrucksweise passten nicht dazu. Ein Krimineller konnte es auch nicht sein, denn der suchte nicht den Dialog, sondern Wertgegenstände.

Also doch ein Schauspieler, vielleicht ein verrückter Mime? Man las ja oft, dass sich sensible Darsteller so in eine Rolle hineinlebten, dass sie zwischen Bühne und Wirklichkeit nicht mehr unterscheiden konnten. In einem solchen Fall konnte ein Schock ganz heilsam sein. Einer Eingebung folgend, trat er an eines der Bücherregale und entnahm ihm ein Lexikon, blätterte darin und legte es offen auf den Tisch, als er das Gesuchte gefunden hatte.

Der angebliche Caspar Rabe hatte ihn nicht aus den Augen gelassen. Misstrauisch fragte er: »Was tut Ihr da?«

»Das sehen Sie doch, ich habe ein Buch geholt. Da, lesen Sie!«

Der Fremde kam heran, beugte sich über den Band und begann, den Text zu studieren, auf den Winter zeigte.

»Ich verstehe mich auf die Kunst des Lesens, aber diese Schrift ist mir unbekannt. Ich vermag sie nicht zu entziffern.«

Der Pensionär warf seinem Gegenüber einen merkwürdigen Blick zu. »Hier steht unter dem Stichwort ›Dreißigjähriger Krieg‹: Sammelbezeichnung für mehrere Kriege um die europäische Vorherrschaft, die zwischen 1618 und 1648 auf deutschem Boden geführt wurden. Verursacht ...«

Der Mann gab einen erstickten Laut von sich. Voller Entsetzen wich er zurück, zog ein kleines schlichtes Holzkreuz aus der Tasche und hielt es Winter abwehrend wie einen Schild entgegen.

»Ihr müsst mit dem Satan im Bunde stehen. Nur wer dem Bösen gehorcht, kann in solchen Büchern lesen.«

»Machen Sie sich nicht lächerlich. Das kann jedes Schulkind lesen.« Er nahm ein zweites Glas und schenkte es halbvoll. »Hier, trinken Sie einen Schluck Wein, das beruhigt.«

»Glaubt Ihr, ich wüsste nicht, dass ein Zaubertrank in der Flasche ist? Ihr habt ihn gebraut, um unschuldige Seelen dem Teufel zuzuführen, doch meine bekommt er nicht. Weiche von mir, Satan! Du hast schon unseren Heiland versucht, doch **seine** Macht ist stärker!«

Er lachte schrill.

»Jetzt verstehe ich, warum dieses Haus nicht geplündert und gebrandschatzt wurde – der Gehörnte hat Euch Beistand geleistet. Das mag gegen die gottlosen Soldaten helfen, doch nicht gegen einen fest im Glauben stehenden Lutheraner.«

Er umklammerte das Kreuz mit beiden Händen, stimmte ein Lied zur Lobpreisung Gottes an und ging furchtlos auf den alten Mann zu. Winter, Christ der gleichen Glaubensrichtung, wusste nicht, ob er über den Eifer des anderen, ihn als Hexer zu entlarven, lachen oder weinen sollte. Er blieb einfach stehen und beobachtete den Fremden mit gemischten Gefühlen.

»Weiche, Satan!«

Als der ehemalige Pädagoge der Aufforderung nicht folgte, berührte Rabe ihn mit dem Kreuz – und war völlig perplex, als sich Winter weder auf dem Boden krümmte noch verschwand oder sich auflöste. Ein tiefes Stöhnen entrang sich seiner Brust.

»Ich hoffe, Sie sehen ein, dass ich keinen Pakt mit dem Teufel geschlossen habe«, meinte Winter belustigt. Er hielt dem anderen das Glas hin. »Trinken wir einen Schluck.«

Dem Fremden war deutlich anzusehen, wie verlegen er war. Betreten blickte er zu Boden und knetete nervös seine Hände.

»Herr, warum wollt Ihr mir solche Wohltat erweisen, wo ich Euch einen Diener Satans genannt habe? Für eine solch üble Anschuldigung verdiente ich es, an den Pranger gestellt zu werden, um öffentlich Abbitte zu tun.« Unsicher sah er auf, vermied es aber, sein Gegenüber direkt anzuschauen. »Wollt Ihr mir aber als Bruder in Christo vergeben, so schwör ich bei unserem Herrn, dass es mich reut, was ich Euch angetan habe. Auch wenn ich nur ein sündiger Knecht Gottes bin, so will ich doch für Euch beten und Buße tun.«

»Ist schon recht, Herr Rabe. Hier, trinken Sie.«

Der Dunkelgewandete schenkte Winter einen dankbaren Blick, dann nahm er das Glas und leerte es in einem Zug.

»Ich danke Euch, Herr. Noch nie habe ich einen solch köstlichen Tropfen getrunken.«

Der alte Mann lächelte geschmeichelt. Allmählich empfand er gar nicht mehr, wie sonderlich sein Besucher und die Umstände seines Auftauchens waren. Ohne dass es ihm bewusst wurde, verdrängte er den Gedanken daran, weil er froh war, einen Gesprächspartner und damit etwas Abwechslung in seinem eintönigen Alltag zu haben. Das Tier im Menschen ist ein geselliges Wesen, und auch noch so gute Bücher vermochten auf Dauer gesehen die Kommunikation mit Artgenossen nicht zu ersetzen.

»Setzen Sie sich doch.«

Umständlich nahm der Fremde in einem Sessel Platz.

»Ah, Ihr glaubt nicht, wie gut es den schon morschen Gebeinen tut, in einem solch weichen Polster auszuruhn. Es bereitet wahrlich kein groß Pläsier, auf eigenen Beinen fliehen zu müssen, zumal Straßen und Wege in jämmerlichem Zustand sind. Einst hatte ich Rösser und Wagen, konnte nach Belieben reiten oder fahren, doch man hat mir all mein Getier geraubt und davongetrieben mitsamt den Kutschen.«

Er seufzte abgrundtief und starrte gleichzeitig sehnsüchtig auf die Flasche.

»Verzeiht, dass ich so aufdringlich erscheine, aber habt Ihr noch etwas zu trinken für mich und einen Bissen Brot? Seit dem Morgen habe ich nichts mehr gegessen.«

»Großer Gott, Sie müssen ja entsetzlich hungrig sein.«

Rabe lächelte freudlos.

»Dem Herrn sei's gedankt, habe ich noch einen Paten in Laubach, der mir ab und zu etwas zustecken kann, doch das Volk darbt. Es fehlt an Saatkorn und an Menschenhänden, die die Felder bebauen, denn viele junge Männer haben sich in das Kriegshandwerk begeben, und ihre Bräute sind ihnen gefolgt. Wie man mir zutrug, leben sie in großem Missstand, vor allem solche Soldatenweiber, die zu Witwen wurden. Sie enden als Marketenderinnen oder Dirnen. Die, die daheim geblieben sind, haben den Gevatter Tod auch täglich zu Gast. Um nicht zu verhungern, essen sie Laub, Gras, selbst Leder. Eine Rattenmaus ist nicht unter vier Gulden zu erstehen – so viel kostete anno 1618 ein fettes Rind. Man schlägt sich um gefallenes Vieh, ja, man erschlägt sogar Flüchtlinge oder gräbt hie und da Leichen aus, um etwas zu beißen zu bekommen.«

Ekel überkam Winter, er schüttelte sich regelrecht.

»Hören Sie auf, mir wird ja schon vom Zuhören übel.«

»Ihr scheint die Not des Krieges noch nicht erfahren zu haben.«

»Doch, ich war auch Soldat und zwei Jahre an der Front.«

»In eurem Alter?«, zweifelte der Mann. »Wart Ihr Offizier?«

»Nein, ich brachte es nur bis zum Unteroffizier«, lautete die etwas beleidigte Antwort. »Haben Sie noch Hunger?«

»Gewiss!«

»Ich hole Ihnen etwas aus der Küche.«

Friedrich Winter hatte keine Bedenken, den ungebetenen Gast allein im Zimmer zu lassen, allerdings wunderte er sich über dessen Gefühllosigkeit. Nach einem solchen Bericht wäre er nicht mehr in der Lage gewesen, auch nur einen Bissen herunterzubringen.

»Schenken Sie sich ruhig ein, ich bin gleich zurück.«

*

Der Fremde aß und trank, als ginge es um sein Seelenheil; inzwischen stand schon die dritte Flasche Wein auf dem Tisch. Dem Pensionär kam gar nicht mehr zu Bewusstsein, dass sein Besucher nach eigener Aussage aus dem 17. Jahrhundert stammte. Fasziniert lauschte er dessen Schilderungen.

»Oberst Ossa ist durch die Wetterau gezogen – anno 1634. Er und sein Tross haben allenthalben grausam gewütet und niedergebrannt, Laubach wurde zweimal geplündert. Nach der Nördlinger Schlacht kam das kaiserliche Volk und hat übel gehaust im Land, wobei Laubach dreimal geplündert wurde. Grünberg wurde angerannt, und am 28. Januar fielen die Kroaten in Wetterfeld ein, selbst Pfarrhaus und Kirche wurden geplündert. Damals lag ein ganzes Regiment der katholischen Kaiserlichen daselbst.«

Gierig stopfte sich der Mann Brot und Käse in den Mund. Kauend fuhr er fort:

»Februar 1635 kam der Benningshausen ins Land und hat gar übel gehaust in Hungen, Laubach und Grünberg. Gott erbarms! Der Herr Pfarrer hat ihnen ein Fass Bier, Fleisch von einem Schwein und ein Geback Brot geschickt, um weiteres Unheil abzuwenden, doch es half nichts. Laden, Tische, Bänke, Betstühle, Schränke, Backtröge, Treppen – alles wurde abgerissen und verbrannt – sogar das Getäfel und Gestühl der Kirche.«

Caspar Rabe trank einen Schluck.

»Im Juni 1635 brach in Grünberg die Pest aus. Allenthalben wurden über die Hälfte der Grünberger Bürger weggenommen – so stark war sie. Einmal wurden vierundzwanzig Särge zu einer Beerdigung getragen. Mein herzliebes Eheweib und meine fünf lieben Kinder waren auch darunter.«

Er wischte sich verstohlen über die Augen.

»Ich habe auch dermalen krank gelegen, dass man mich totgesagt, bin aber durch Gottes Gnade wieder aufgekommen, doch nun scheint sich mein Schicksal zu erfüllen. Der ›Schwarze Tod‹ greift auch nach mir, aber ich empfinde es als Gnade, dass ich nicht weiteres Unglück mit ansehen muss und der Herr mich mit den Meinen vereint.«

Der frühere Lehrer erschrak. ›Schwarzer Tod‹ hatte man vor Jahrhunderten die Pest genannt – und sein Besucher hatte die Pest! Hastig trank er sein Glas leer, seine Gedanken ordneten sich wieder. Früher mochte die Pest eine Geißel gewesen sein, heute gab es Mittel dagegen.

»Ich kann Ihnen einen Arzt rufen.«

»Kein Feldscher und kein Kraut vermag mich vor dem Sensenmann zu bewahren, wenn der Herr mich zu sich in die Ewigkeit ruft.« Er schob die Ärmel seines Umhangs zurück und zeigte auf die mit Flecken und blutig-eitrigen Beulen übersäten Arme. »Mit mir geht es bald zu Ende. Seht meine düstere Haut an – das ist der ›Schwarze Tod‹.«

»Warten Sie, ich bin gleich wieder da.«

Winter verschwand und kehrte nach wenigen Minuten mit einem Verbandspäckchen und einer Spraydose zurück. Neugierig betrachtete der Mann die Dinge, die der andere auf den Tisch legte.

»Was habt Ihr da?«

»Eine Mullbinde und ein Desinfektionsspray. ›Tritosteran‹ ist sogar gegen Tuberkel-Bazillen wirksam, müsste also auch gegen Pest-Erreger helfen.«

»Ich verstehe Euch nicht. Was meint Ihr damit?«

»Sehen Sie, die Pest ist eine Infektionskrankheit. Ein Kranker steckt die Gesunden an, sodass immer mehr erkranken und sterben. Dieses Desinfektionsmittel tötet die Keime und verhindert so, dass die Pest sich ausbreitet.«

»Ihr meint, damit lassen sich Kranke heilen?«, fragte Rabe ungläubig.

»Nein, es beugt der Ansteckung vor. Derjenige, der Sie oder andere Pestkranke pflegt, kann durch ›Tritosteran‹ vor einer Infektion geschützt werden.« Winter nahm die Dose und betätigte den Sprühknopf. »So einfach geht das!«

Der Fremde gab einen entsetzten Laut von sich, Entsetzen zeigte sich auf seinem Gesicht.

»Sie brauchen sich nicht zu fürchten«, sagte der frühere Lehrer schnell und demonstrierte durch Besprühen seiner Hände, dass das Mittel für Menschen absolut unschädlich war. »Versuchen Sie es selbst einmal!«

Scheu, fast ängstlich nahm der Mann die Dose in die Rechte und drehte sie vorsichtig, betrachtete sie von allen Seiten, hütete sich jedoch, das Ventil zu berühren.

»Wie habt Ihr den Nebel in den Behälter bekommen?«

»Es ist kein Nebel, sondern ein Gemisch aus Chemikalien, Wirkstoffen, Medikamenten oder wie immer Sie es nennen wollen.«

Verständnislos blickte der späte Besucher Winter an.

»Seid Ihr Alchemist?«

»Nein.«

»Dann ist es geweihter Nebel?«

Als der alte Mann den Kopf schüttelte, riet Rabe:

»Ist es der Sud von Heilpflanzen, der verdampft?«

»Grob vereinfacht könnte man es so nennen. Stecken Sie die Dose ein.«

»Wenn es stimmt, was Ihr gesagt habt, vermag mir Euer Geschenk nicht mehr zu helfen. Erlaubt Ihr, dass ich es Johann Culpius gebe, dem Medicus von Laubach?«

»Keine schlechte Idee. Ein Arzt kann das Mittel bestimmt brauchen.«

Nachdem Rabe das Spray in seinem Wams verstaut hatte, nahm Winter das kleine Päckchen auf.

»Kommen Sie, ich werde wenigstens Ihre Wunden verbinden.«

Der Fremde gab keine Antwort. Er hatte den Kopf gehoben und lauschte.

»Da, Kanonendonner. Hört Ihr es auch?«

Der alte Mann konzentrierte sich.

»Ich höre Gerumpel, ja. Eine Gewitterfront scheint sich zu nähern, obwohl das für diese Jahreszeit ungewöhnlich ist.«

»Es ist kein Gewitter. Ich vermag sehr wohl das Feuern von Geschützen von Donnerschlägen zu unterscheiden.«

Der Eindringling stand auf.

»Es wird Zeit für mich, Euch zu verlassen. Ich danke Euch für Speis und Trank und für die Gastfreundschaft, die Ihr mir gewährt habt. Möge der Herr seine schützende Hand über Euch halten.«

Der plötzliche Aufbruch überraschte Winter, dennoch ließ er es sich nicht nehmen, den Dunkelgewandeten zur Tür zu begleiten. Als er sie öffnete, glaubte er, zu träumen. Kanonendonner erreichte sein Ohr, im Ort brannte es. Wie ein Geist stahl sich Rabe davon und verschwand in der Dunkelheit. Winter bemerkte es nicht.

Entsetzt starrte er auf das Bild, das sich ihm bot. Wie Schatten preschten Berittene durch die Straßen, bewaffnetes Fußvolk huschte durch die Gassen und trieb blökendes Vieh aus den Ställen. Wütendes Hundegebell erklang, wurde überlagert vom aufgeregten Bimmeln des Kirchenglöckleins. Wie riesige Fackeln beleuchteten brennende Scheunen und lodernde Dachstühle die gespenstische Szene.

Krieg! Schreckliche Erinnerungen wurden in Friedrich Winter wach, vor seinem geistigen Auge tauchten längst vergessen geglaubte Visionen auf von Angst und Qual, von Entbehrungen, Mühsal und Tod. Panikerfüllt warf er die Tür ins Schloss und lehnte sich schweratmend dagegen.

Er brauchte ein paar Minuten, bis sein Gehirn die gespeicherten Bilder als solche identifizieren und neutralisieren konnte. Das, was er draußen gesehen hatte, war nicht der Zweite, auch kein Dritter Weltkrieg, sondern der Dreißigjährige Krieg. Aber konnte die Fantasie einen gebildeten und lebenserfahrenen Menschen wie ihn so narren, dass er etwas hörte und sah, was gar nicht existent war?

Der alte Mann riss die Tür auf – und begann, laut zu lachen. Alles war wie immer: der Vorgarten, die Straßen, der Ort, die elektrische Straßenbeleuchtung. Keine Reiter, keine brennenden Häuser, nichts.

Erleichtert und verwirrt zugleich schloss Winter die Haustür, legte die Sicherheitskette vor und ging zurück in sein Arbeitszimmer. Hatte er das alles nur geträumt?

Nein, da standen zwei Gläser und die dritte Flasche Wein auf dem Tisch, ein benutzter Teller und Brot, daneben lag ein Verbandspäckchen. Es roch nach ›Tritosteran‹, doch die Spraydose war weg. Nie hatte er in diesem Raum gegessen, nie hatte er mehr als eine Flasche Wein getrunken, also musste doch ein Besucher da gewesen sein – Rabe.

Einer plötzlichen Eingebung folgend, trat er an eines der Bücherregale und fuhr mit dem Finger suchend die Reihen der Bände entlang, dann hatte er das Gewünschte gefunden.

»Tagebüchlein des Johannes Culpius«, stand auf dem Einband, und auf der ersten Seite prangte in den vor hundert Jahren gebräuchlichen Lettern der Text: Aufzeichnungen des Johannes

Culpius, Medicus in Laubach und Bürger daselbst, welcher die gar schrecklichen Erlebnisse des Dreißigjährigen Krieges selbst erlebt hat. Herausgegeben und neu gefasst, erklärt und erläutert von Friedrich Steffen, Stadtschreiber zu Laubach. Gedruckt und verlegt zu Gießen 1879.

Johannes Culpius, Medicus zu Laubach – das hatte Rabe erwähnt! Friedrich Winter begann zu lesen, versenkte sich regelrecht in das Buch, und dann stieß er auf eine Passage, auf die es ihm ankam.

Es hatte in Grünberg tatsächlich einen Ratsherrn namens Caspar Rabe gegeben. Wie den Aufzeichnungen des Johannes Culpius zu entnehmen war, verstarb Rabe am 1. November 1635 im Haus seines Paten in Laubach, wobei Culpius ihm nach eigenen Aussagen die Schmerzen gelindert hatte.

Auf dem Totenbett hatte Rabe dem Arzt einen Gegenstand vermacht, der nicht näher beschrieben war, der aber in der Lage sein sollte, die Pest zu bannen. Noch während der Ratsherr für immer die Augen schloss, war ein heftiger Disput zwischen dem Medicus und dem damaligen Pfarrer Fürchtegott Hirsch entbrannt, der Rabe geistlichen Beistand geleistet hatte.

Culpius, der dem ›Schwarzen Tod‹ so hilflos gegenüberstand wie ein medizinischer Laie, wollte Rabes Geschenk ausprobieren, wohingegen der Pfarrer es für Blendwerk und eine Gabe Satans hielt. In seinen Augen waren der Krieg und die Pest die Strafen für das gottlose Leben der Menschen, vergleichbar mit den Sieben Plagen im Alten Testament, und niemand hatte das Recht, Gott ins Handwerk zu pfuschen. Es musste schließlich einen Grund haben, warum der Herr gegen jede Krankheit ein Kraut wachsen ließ – nur nicht gegen diese Seuche.

Als der Medicus immer noch standhaft blieb, drohte ihm der Gottesmann schließlich mit der Verdammung seiner Seele und der Verbrennung als Ketzer auf dem Scheiterhaufen. Culpius gab auf – das wollte er nun doch nicht auf sich nehmen.

Auf Geheiß des Fürchtegott Hirsch hin wurde ein Reisighaufen errichtet und angezündet. Als er lichterloh brannte, musste der Heilkundige Rabes Gabe in die lodernden Flammen werfen.

Wörtlich fuhr der Chronist fort:

Viel gemeines Volk umstand den Scheiterhaufen, den der geistliche Herr zuvor gesegnet hatte. Gar nicht lustig anzusehn war der gelehrte Herr Medicus, als solcher ich daselbst stand und grimmigen Gesichts und wider jede bessere Überzeugung mit ansehen musste, wie sich die Flammen an Caspar Rabes Klistier gütlich taten und gierig umzüngelten. Drei Jahre Fegefeuer der Katholischen hätte ich auf mich genommen, um zu erfahren, welche Kräutlein zu einem kräftigen Sud oder herzhaften Trunk zu brauen oder zu erstehen dem wohlgeborenen Ratsherrn zu Grünberg da eingegeben worden war, um der Pestilensis zu widerstehn, doch der Herr Pfarrer hielt das für Teufelswerk, dessen Gebrauch mich das Leben auf dem Scheiterhaufen und die ewige Seeligkeit kosten würde.

Und dann zerging der mit gar seltsamen Zeichen beschriftete Behälter, deren Sinn zu entziffern weder mir noch dem Herrn Pfarrer gelang, obwohl wir beide des Lateinischen, der geistliche Herr sogar des Griechischen und Hebräischen, mächtig war, in einem Knall, der dem Abfeuern einer Kanone all Ehr gemacht hätte. Als hätte eine Kartätsche der Kaiserlichen das lodernde Bündel getroffen, flogen nach allen Seiten brennende Scheite davon. Unter dem Volk entstand große Unruh, doch dank göttlicher Fügung wurde kein Mannsbild und kein Weibsbild getroffen, niemand erlitt Schaden an Leib und Seele …

Erregung packte den alten Mann auf einmal. Der Eindringling hatte davon gesprochen, dass er das ›Tritosteran‹ Johannes Culpius übergeben wollte. War es das Desinfektionsmittel gewesen, das er, Friedrich Winter, Rabe überlassen hatte? Der Arzt sprach von einem Behälter, der mit seltsamen Zeichen beschriftet war – auch Rabe hatte bei ihm die Schrift im Lexikon nicht zu lesen vermocht. Und Spraydosen explodierten, wenn man sie ins Feuer warf …

Sofort schalt er sich innerlich einen Narren. Er hatte dem Besucher das Spray vor etwa einer Stunde gegeben, was er eben gelesen hatte, war vor über dreihundert Jahren aufgezeichnet worden. Niemand konnte aus dem 17. Jahrhundert so einfach in der Jetztzeit auftauchen, etwas in die Vergangenheit mitnehmen und dann dort sterben. Zudem hätte Culpius' Bericht dann nicht gestimmt, denn er hatte etwas beschrieben, was nun erst eingetreten sein müsste – mehrere Jahrhunderte später. Völlig absurd! Derartige Hirngespinste konnten sich allenfalls die kranken Gehirne von Science-Fiction-Autoren ausdenken.

Nein, viel wahrscheinlicher war – es war die einzig logische Erklärung überhaupt – dass Rabe dem Medicus ein Amulett oder etwas Ähnliches gegeben hatte, das irgendwelche Pülverchen enthielt, die Heilkraft haben sollten. Unter Einwirkung der Hitze waren sie dann eine chemische Reaktion miteinander eingegangen. Man wusste ja, wie abergläubisch die Leute früher waren.

Eine Menge Quacksalber waren damals durchs Land gezogen und hatten Wundermittel angeboten, die Koliken der Pferde genauso heilen sollten wie Schwindsucht und Kindsbettfieber. Um ihrer ›Medizin‹ schon allein eine optische Wirkung zu geben, hatten sie die Fläschchen mit den Tinkturen mit geradezu abenteuerlichen Zeichen versehen, die oft ein Zwischending waren zwischen Schrift und Phantasie, was zugleich ihren angeblichen Gelehrtenstatus unterstreichen sollte. Nicht nur gemeines Volk fiel auf diese Scharlatane herein, sondern auch gebildete Stände.

Gedankenverloren legte Winter das Buch zur Seite. Alle Fakten, die ihm der Besucher aufgezählt hatte, stimmten völlig mit der Beschreibung des Medicus' überein. Dass seine Kenntnisse aus der Lektüre des Bändchens herrührten, war so gut wie ausgeschlossen. Das ›Tagebüchlein des Johannes Culpius‹ war eine ausgesprochene Rarität und seit Jahrzehnten vergriffen.

Daran, dass ihm der Geist des verblichenen Rabe begegnet war, mochte er nicht glauben. Seiner Meinung nach diente solcher Unfug nur dazu, kleine Kinder zu erschrecken. Zwar waren abergläubische Menschen davon überzeugt, dass es Spuk und Geister gab, aber auch aus dem Mund eines solchen Zeitgenossen hatte er noch nie gehört, dass eine Erscheinung aß und trank. Diese unwirklichen Wesen waren Verdammte, denen irdisches Gut nichts galt – am wenigsten Nahrung.

An diesem Punkt angekommen, wurde der alte Mann nachdenklich. Wie war der Fremde unbemerkt ins Haus gekommen? Er war sicher, dass er Keller- und Haustür verschlossen hatte, an allen Fenstern hatte er die Rollläden herabgelassen, als es zu dunkeln begann. In solchen Dingen war er sehr genau, um nicht zu sagen pedantisch.

Dennoch ließ ihm das keine Ruhe. Friedrich Winter stand auf und begann seine Runde durchs Haus. Vom Keller bis zum Dachboden untersuchte er gewissenhaft alle Türen und Fenster, prüfte sie auf Beschädigungen oder Spuren von Gewaltanwendungen, aber er fand nichts.

Unbefriedigt wollte er in sein Arbeitszimmer zurückkehren, doch ein Blick auf die alte Standuhr im Flur zeigte ihm, dass es bereits auf den Morgen umging. Für einen Mann wie ihn, der seine festen Prinzipien hatte, war es fast eine Todsünde, nach Mitternacht noch nicht im Bett zu liegen, also suchte er sein Schlafzimmer auf und legte sich hin.

Innerlich war er so aufgewühlt, dass er noch lange wach lag – trotz der vorgerückten Stunde und trotz des genossenen Alkohols. Gegen vier Uhr fiel er endlich in einen unruhigen Schlaf. Selbst im Traum beschäftigte ihn noch der seltsame Gast.

*

Auszug aus einem Artikel, der in der Gießener Presse am 17. November 1995 erschien:

Entgegen der zuerst geäußerten Vermutung, dass die Pest aus dem asiatischen Raum bei uns durch zurückkehrende Urlauber eingeschleppt wurde, ist man beim hiesigen Gesundheitsamt inzwischen zu der Überzeugung gelangt, dass Friedrich W. als Überträger der Seuche feststeht. Bis heute konnte nicht geklärt werden, wo und wie sich der Pensionär angesteckt haben könnte. Wie die Überprüfungen ergaben, lebte W. sehr zurückgezogen und hat in den letzten Jahren weder Reisen innerhalb Europas noch außerhalb des Kontinents unternommen. Das Gleiche gilt für die wenigen Kontaktpersonen, die sich inzwischen alle auf dem Weg der Besserung befinden.

Wie wir in den letzten Tagen wiederholt berichtet haben, besteht für die übrige Bevölkerung keinerlei Gefahr, da die Inkubationszeit von maximal zwölf Tagen überschritten ist, allerdings scheint noch immer eine gewisse Unsicherheit zu herrschen. Wir haben deshalb nochmals mit Herrn Dr. Alwin Krämer gesprochen, der als Seuchenexperte beim Gießener Gesundheitsamt tätig und als zuständiger Mediziner mit der Sache befasst ist.

Frage: Herr Doktor Krämer, viele Mitbürger sind über das Auftauchen der Pest jetzt und hier gegen Ende des 20. Jahrhunderts ziemlich beunruhigt. Ist diese Angst begründet?

Dr. Krämer: Ganz und gar nicht. Es gibt hochwirksame Antibiotika, beispielsweise die Tetracycline, mit denen der modernen Medizin Mittel in die Hand gegeben sind, um auch Krankheiten wie die Pest äußerst wirksam zu bekämpfen. Wir haben alles unter Kontrolle.

Frage: Gibt es eine Art Früherkennung?

Dr. Krämer: Ja, und zwar sehr deutlich. Anfangs zeigen sich Erkrankungen an den Lymphknoten von Leisten, Achseln und Halsdrüsen sowie Karbunkel als Folge von Flohstichen. In diesem Zusammenhang muss ich sagen, dass die Pest ursprünglich eine reine Nagetierkrankheit war, etwa bei Ratten und Murmeltieren. Durch Überwechselns des Rattenflohs von einem toten Wirt auf den Menschen tritt er als Überträger auf. Ist ein Mensch erst einmal infiziert und wird nicht behandelt, schreitet die Krankheit fort und greift vornehmlich die Lungen an. Im Stadium der Lungenpest haben wir dann die Tröpfcheninfektion. Niesen und Speicheltröpfchen reichen aus, um andere zu infizieren.

Frage: Herr Doktor Krämer, vom 14. bis zum 18. Jahrhundert trat die Pest in Europa als eine Seuche auf, der viele Millionen Menschen zum Opfer fielen. Damals war sie eine Geißel der Menschheit. Ist sie das heute nicht?

Dr. Krämer: Nein. In einigen tropischen Gebieten mag sie hin und wieder aufgrund mangelnder Hygiene sporadisch auftreten, aber in unseren Breiten ist sie ausgerottet. Hier stirbt niemand mehr an der Pest.

Frage: Und dennoch hat es ein Opfer gegeben.

Dr. Krämer: Das ist richtig. Herrn W. konnten wir nicht mehr helfen, da die Pestsepsis sich bereits in einem Endstadium befand. Er hat zu spät ärztliche Hilfe in Anspruch genommen, sein Blut war bereits völlig von Keimen überschwemmt. Sie hatten das Lungengewebe zerstört. Die in düsterem Blau schimmernde

Haut ist ein deutliches Anzeichen für die mangelnde Sauerstoffversorgung der Zellen. Aus diesem Grund nannte man die Pest früher nicht zu Unrecht den ›Schwarzen Tod‹.

Frage: Gibt es neue Erkenntnisse, warum die Krankheit ausgerechnet hier auftrat?

Dr. Krämer: Wir sind dabei, das zu untersuchen. Herr W. muss sich durch Tröpfcheninfektion infiziert haben, denn wir konnten an seinem Körper keine Flohbisse feststellen.

*

Es blieb bis heute ein Rätsel, wo und wie sich Winter mit der fast vergessenen Seuche infiziert hatte. Zwar hatte der alte Mann vor seinem Tod noch das Jahr 1635 und den Namen ›Rabe‹ erwähnt, aber die Ärzte hielten das für die Phantasien eines Sterbenden. Und selbst wenn sie gewusst hätten, wer Rabe war – eine Erklärung wäre das auch nicht gewesen. Ein Mensch, der vor über dreihundert Jahren an der Pest gestorben war, konnte nicht plötzlich wieder auferstehen und andere anstecken.

*

Im Frühjahr 1997 – Gießen rüstete sich zur Feier anlässlich 800 Jahre Ersterwähnung und 750 Jahre Stadtrechte – fand ein Laubacher Bürger beim Umgraben seines Gartens ein Stück rostiges Weißblech im Boden, in das die Jahreszahl ›1995‹ eingeprägt war. Verbunden war das Metall mit dem verkohlten Teil eines Plastikventils. Ganz offensichtlich war es der Rest einer der üblichen Spraydosen industrieller Fertigung. Achtlos warf er das Teil auf den Müll.

Man konnte es ihm nicht übel nehmen. Nicht einmal ein Fachmann hätte auf Anhieb erkannt, dass es schon über dreihundert Jahre in der Erde liegen musste. Nur: Damals gab es weder Plastik noch Spraydosen ...

Zeughaus

Nachwort

Ja, Gießen hat wieder ein neues Rathaus. Am 31.5.2007 wurde der Grundstein gelegt, und am 16.5.2009 erfolgte die Eröffnung. Wie bei jedem anderen Bauherren auch wurde weder die geplante Bauzeit eingehalten noch die veranschlagten Kosten. Und noch eine Gemeinsamkeit gibt es mit den privaten Häuslebauern: Der Neubau wurde durch ein Darlehen finanziert. Die letzte Rate ist 2040 fällig.

Nun wollen Sie vermutlich wissen, ob sich da wieder ein Bauunternehmer ein Denkmal gesetzt und den Teufel ins Boot geholt hat. Nun, es spricht nichts dafür, denn diesmal haben sich gleich drei Baufirmen als Arbeitsgemeinschaft zusammengetan, um das Gebäude zu errichten, dazu kommen etliche Subunternehmer u. a. aus Osteuropa. Und es heißt jetzt auch nicht Lupp-Haus oder Faber & Schnepp-Gebäude nach den Erbauer-Firmen, sondern einfach – wie in anderen Städten auch – ›Rathaus‹.

Das Alte Rathaus am Markplatz, erbaut um 1450, war ein Fachwerkbau, der im Zweiten Weltkrieg zerstört wurde. Immerhin hatte das Gebälk fünfhundert Jahre gehalten und würde wohl auch noch heute stehen, wenn ihm nicht britische Bomben 1944 den Garaus gemacht hätten.

Nun könnte sich angesichts der schlechten Erfahrungen, die Gießen mit dem Behörden-Hochhaus gemacht hatte, der Gedanke aufdrängen, dass man sich der Langlebigkeit des Alten Rathauses erinnerte und den Neubau im 21. Jahrhundert in Fachwerk-Bauweise ausführte. Sie werden es sich denken können: Der Baustoff war aber auch diesmal nicht Holz, sondern wieder Beton.

Natürlich ist nicht auszuschließen, dass der Teufel mit dem Chef der Betonmischer einen Pakt abschloss. Dann rechnen Sie mal mit. Das Rathaus wurde 2009 eingeweiht, Haltbarkeit des Betons wie beim Behörden-Hochhaus dreiunddreißig Jahre. Dann wäre das Rathaus 2042 abbruchreif, aber ab 2040 immerhin schuldenfrei …

Vielleicht hat der Gehörnte jedoch angesichts des Umstands, dass Gießen 2047/2048 erneut ein Doppeljubiläum feiern kann (850 Jahre Ersterwähnung, 800 Jahre Stadtrechte) analog zu 1997/1998 die Haltbarkeit des Betons von dreiunddreißig auf achtunddreißig Jahre erhöht. Dann stände das Schild ›Einsturzgefahr! Betreten polizeilich verboten!‹ erst wieder zu den Jubiläen 2047 vor dem Rathaus.

Dabei ist ja durchaus nicht gesagt, dass sich der oberste Betonmischer mit dem Fürsten der Hölle überhaupt eingelassen hat. Zwar gibt es in Gießen ein Gässchen namens ›Teufelslustgärtchen‹, aber ein Dr. Deibel war dort in den letzten zehn Jahren weder wohnhaft noch amtlich gemeldet. Ohnehin scheint sich der Satan auf dem Rückzug zu befinden, denken Sie nur an den Spruch ›Der Teufel ist ein Eichhörnchen[1]!‹.

---

[1] Anmerkung des Verfassers: Unabhängig von ihrer Fellfarbe sind die Hörnchen generell parteilos und lassen sich weder ideologisch noch politisch zuordnen oder gar vereinnahmen. Da sie sich der Schulpflicht generell verweigern, dürfen sie ohnehin nicht an Wahlen teilnehmen oder sich als Kandidaten aufstellen lassen.

Diese Kletterkünstler, die früher von abergläubischen Naturen u. a. wegen ihres rotes Fells mit dem Gehörnten in Verbindung gebracht wurden, werden immer rarer, und stattdessen turnen mehr und mehr grau- bis schwarzpelzige Exemplare[2] durch die Bäume.

Das macht den Stadtoberen Hoffnung, dass das Gießener Rathaus nicht nur 2047/2048 noch steht und funktionsfähig ist, sondern wie das Alte Rathaus noch weitere fünfhundert Jahre hält. Vermutlich wäre es dann Weltkulturerbe. Sie können das ja mal im Jahr 2549 googeln …

[2] Noch eine Anmerkung des Verfassers: Jetzt möchte der Verfasser (das ist der Autor, also ich) mal mit seinen Naturkunde-Kenntnissen prahlen: Bei den Dunkelpelzen handelt es sich nicht immer um eine Farbvariante unserer heimischen Eichhörnchen (Sciurus vulgaris), sondern manchmal um amerikanische *Grauhörnchen (Sciurus carolinensis)*. Da dieses Buch den Anspruch erhebt, unabhängig, überparteilich und interreligiös zu sein, wäre jede Debatte darüber, ob es sich bei den Grauhörnchen um Einwanderer, Asylanten, Emigranten, Missionare oder Gastarbeiter handelt, völlig unangebracht. Stattdessen wird der geneigte Leser auf das Internet-Lexikon Wikipedia () unter dem Stichwort ›Grauhörnchen‹ verwiesen.

Die drei Schwätzer

Puck manisch

Kommt Ihnen die Überschrift spanisch vor und Sie rätseln jetzt, wo man so etwas spricht? Das ist verständlich, allerdings ist das weder Esperanto noch eine andere Sprache, die Sie an einer Volkshochschule oder in Sprachkursen lernen können, sondern es ist ganz einfach ... manisch.

Manisch ist eine in Gießen, Marburg, Wetzlar und Bad Berleburg (Wittgenstein) als Soziolekt gesellschaftlicher Randgruppen entstandene regionale Variante des Rotwelschen. Da etliche Wörter aus dem Manischen auch in die Gießener Umgangssprache Eingang gefunden haben, möchten die drei Schwätzer alle Neu-Gießener und Gießen-Besucher, aber natürlich ganz besonders Sie, liebe Leserinnen und Leser, mit den markantesten und gebräuchlichsten Wörtern und Begriffen vertraut machen. Habbe Se Lust?

Ach ja, Sie wollen selbstverständlich wissen, was die Überschrift übersetzt heißt? Ganz einfach: **Rede manisch**. Das macht nicht viel Maloche, kostet kein Lowi, ist aber latscho, und der Kurs ist ganz begoni. Sie haben tschü verstanden und Ihnen raucht jetzt schon der Tschäro? Hochdeutsch gepuckt: Das macht nicht viel Arbeit, kostet kein Geld, ist aber schön, und der Kurs ist ganz entspannt. Sie haben nichts verstanden, und Ihnen raucht jetzt schon der Kopf? Muss nicht. Wie gesagt: Alles ist ganz begoni.

Und die drei Schwätzer sind als geübte Tratscher und Plauderer ja fast so etwas wie geborene Lehrer, die Ihnen anhand von Beispielen das Manische näher bringen. Und Sie brauchen kaum mehr als dreißig Vokabeln zu beherrschen, um mitreden zu können. Sehen Sie selbst:

Deutsch	Manisch
Arbeit, arbeite	Maloche, maloche
beobachten, aufpassen	luern (gesprochen lurn, nicht lürn)
bezahlen	beschäumen
Bier	Lawine
entzwei	mulo
essen	kallen
Fahrrad	Velo
Frau	Moss
Friseur	Ballegardsch
Friseuse	Ballemoss
Gaststätte, Kneipe, Lokal	Katschemme, Koberei
Gastwirt	Kober
Geld	Lowi
gut, schön	latscho
Haar	Balle
Hammer	Bello
Junge	Rackelo
kaputt, tot, zerbrochen, Leiche, Toter	mulo, Mulo
Kind	Rackelo
Kopf	Tschäro
Mädchen	Moss
Mann, Kerl	Gardsch, Tschabo
Narr	Nervelo
närrisch	nervelich
nein, nicht	tschü
reden, sagen, sprechen	pucken
rennen	fussen

ruhig	begoni
saufen, trinken	schwächen
schlafen	pofen
stehlen	tschuern (gesprochen tschurn nicht tschürn)
Unsinn	Gowe

Und auf den nächsten Seiten geben Ihnen die drei Schwätzer dann ein paar praktische Beispiele in ›Puck manisch‹ – selbstverständlich mit Übersetzung. So viel Service gehört in diesem Buch einfach dazu. Natürlich ohne extra dafür zu beschäumen.

Kathrin, genannt Kathrinschen Theodor, genannt Theo
Karl-Heinz, genannt Kall-Heinz

Kathrinschen: »Sag mal, Kall-Heinz, schwächst du deine Lawine immer allein?«
Theo: »Ich dolmetsche mal. Schwächen heißt trinken und Lawine ist Bier. Und falls Kall-Heinz kein Geizhals ist,geht er jetzt zum Bierstand und bestellt noch zwei Lawinen für´s Kathrinschen und für mich, damit wir auch was zum Schwächen haben.«

Kathrinschen: »Seit wann hast du denn so ein latscho Velo, Theo? Hast du das geschuert?«
Theo: »Tschü, mein altes Velo war mulo, und da habe ich so einem Tschabo aus der Nachbarschaft getroffen, der sein Velo für wenig Lobi verkauft hat.«
Kathrinschen: »Was hast du beschäumt?«
Theo: »Nicht so viel. Es reicht noch für den Ballegardsch und um mir gleich was zu kallen zu holen.«

Kall-Heinz: »Ich übersetze mal. Kathrin sagt: Seit wann hast du so ein schönes Fahrrad, Theo? Hast du das gestohlen? Theo antwortet: Nein, mein altes Fahrrad war kaputt, und da habe ich einen Mann aus der Nachbarschaft getroffen, der sein Fahrrad für wenig Geld verkauft hat. Kathrin will dann wissen: Was hast du bezahlt? Theo: Nicht so viel. Es reicht noch für den Friseur und um mir gleich was zu essen zu holen.«

Bismarckturm

Sie möchten weitere spannende und unterhaltsame Titel von Falk-Ingo Klee lesen? Bitte blättern Sie einfach um!

Falk-Ingo Klee
DUNKLE
GESCHICHTEN
AUS
Gießen
SCHÖN &
SCHAURIG
Wartberg Verlag

Gießen ist die Metropole Mittel- und Oberhessens und eine beliebte Hochschulstadt. Doch hat die Stadt der Schlammbeiser auch ihre dunklen Seiten. So gibt es hier für alle Mathe-Hasser ein gar furchtbares Museum, das weltweit erste seiner Art: das Mathematikum. In derSchiffenberg-Basilika spukt angeblich der Geist eines Ordensmannes. Ein geheimer unterirdischer Kriegsbunker wurde trotz seines einfallsreichen Tarnnamens ›Gisela‹ bereits 1945 von den Amerikanern entdeckt, ein traurig verendeter Pottwal im Hörsaal der Hermann-Hoffmann-Akademie zu neuem Leben erweckt. Davon und von vielen anderen schaurigschönen Begebenheiten erzählen die Geschichten in diesem Band.

FALK-INGO KLEE
Mörderische Kunst
Ein Gießen-Krimi
EDITION ADLER
EIN FALL FÜR DEN UNDERTAKER

Frank Wilhelm, ehemaliger Medizinstudent, Ex-Privatdetektiv und als Schwiegersohn des Firmeninhabers nun Juniorchef eines Gießener Bestattungsunternehmens, bekommt Besuch von der Mordkommission. In einem Sarg seines Instituts, der für die Einäscherung vorgesehen ist,

liegt nicht nur der Verstorbene, sondern auch noch ein unbekannter junger Asiate, der auf äußerst perfide Weise umgebracht wurde. Ein furchtbarer Verdacht steht im Raum ...

Wilhelm will die Ermittlungen gegen sich, seinen Schwiegervater und die Mitarbeiter des Bestattungsinstituts als Verdächtige nicht einfach so hinnehmen und beschließt, eigene Nachforschungen anzustellen. Das ist schwieriger als gedacht und mörderisch dazu, denn der oder die Täter beherrschen eine ›Mörderische Kunst‹ ...

FALK-INGO KLEE
Mörderische Geschäfte
Ein Gießen-Krimi.
EDITION ADLER
EIN FALL FÜR DEN UNDERTAKER

In der eher beschaulichen mittelhessischen Metropole Gießen stürzt eine junge türkische Asylbewerberin, Mutter von zwei kleinen Kindern, aus einem abbruchreifen Behörden-Hochhaus in den Tod. Da es keine Anzeichen für Gewaltanwendung gibt, gehen die Pathologen und die Polizei von einem Suizid aus. Frank Wilhelm, genannt der ›Undertaker‹, ehemaliger Medizin-Student, Ex-Privatdetektiv und Schwiegersohn des Bestattungsunternehmers, der mit der Beisetzung beauftragt ist, kommen an der Selbstmord-Version Zweifel. Der Witwer ist überzeugt, dass es keine Kurzschlusshandlung der jungen Frau, sondern ein Verbrechen war. Der Undertaker beginnt, auf eigene Faust zu ermitteln. Das ist schwieriger als gedacht – und mörderisch dazu, denn der oder die Täter betreiben Mörderische Geschäfte ...

FALK-INGO KLEE
Mörderisches Phantom
Ein Gießen-Krimi.
EDITION ADLER
EIN FALL FÜR DEN UNDERTAKER

Frank Wilhelm, genannt der ›Undertaker‹, ehemaliger Medizin-Student, Ex-Privatdetektiv und Schwiegersohn eines Bestattungsunternehmers, wird in einem Hotel in der mittelhessischen Metropole Gießen indirekt Zeuge eines Überfalls auf eine russische Prostituierte. Wenig später wird eine junge Frau tot aus der Lahn gefischt, die offensichtlich aus Osteuropa stammt und auf bestialische Art und Weise umgebracht wurde, kurz darauf gibt es ein weiteres Mordopfer. Die Polizei versucht fieberhaft, diesen furchtbaren Mörder zu finden und dingfest zu machen, und auch Frank Wilhelm beginnt, auf eigene Faust zu ermitteln. Das ist schwieriger als gedacht – und mörderisch dazu, denn der oder die Täter agieren als Mörderisches Phantom ...

Zwei Romane in einem Band!

Planet der Saurier

Die humanoiden Proohler sind eine hochentwickelte Rasse, deren Angehörige allesamt Telepathen sind. Mit ihren starken Paragaben haben sie bisher jede Attacke vereiteln können. Vor allem die insektoiden Craahns haben sie bei deren letzten Angriff vernichtend geschlagen, aber diesmal haben die Insektoiden offenbar ein Mittel gegen die PSI-Beeinflussung gefunden. Mit einer regelrechten Raumschiffarmada greifen sie den Planeten an und verwandeln ihn in ein wahres Inferno aus Explosionen, Feuer und Zerstörungen. Was kein Proohler je für möglich gehalten hätte, wird nun bittere Realität. Wenn sie überleben wollen, müssen sie ihr Heimatsystem verlassen und fliehen.
Mit einem kleinen Diskus können Troopal Scotheer und Napeel Tratheer dem Bombardement und der Flotte der Craahns in den Weltraum entkommen. Sie steuern ihr Schiff zu einer unbewohnten Welt, ohne zu wissen, welches Schicksal sie dort erwartet, denn es ist der Planet der Saurier.
Dieser Roman erschien 1979 als Terra Astra 405.

Station der Biorobots

Der terranische Kugelraumer ›Tobro‹ mit zwei Wissenschaftlern an Bord wird von einem Hypersturm gestreift und in einen unbekannten Raumsektor geschleudert. Bei einem kurzen Orientierungsversuch sprechen die Orteranlagen an und geben Alarm. Ein unbekanntes, wagenradähnliches Raumschiff betrachtet den terranischen Raumer als feindlich und versetzt die ›Tobro‹ mit einer ebenso fremden wie unfassbaren Waffe in den Hyperraum.
Als der Kugelraumer in das Einstein-Universum zurückfällt, liegt ein Sonnensystem mit vier Planeten vor ihm. Messungen ergeben, dass der zweite Terra-Standard hat. Er ist das Ziel der ›Tobro‹ . Dabei ahnt die Besatzung nicht, auf welche Gefahren sie auf dieser Welt stößt, denn dort gibt es eine Station der Biorobots.
Dieser Roman erschien 1979 als Terra Astra 417.

Zwei Romane in einem Band!

Wechsel der Dimensionen

Ende des 23. Jahrhunderts leben Menschen als Singles, zwischenmenschliche Beziehungen gibt es so gut wie keine mehr, der Gefühlssektor ist infolgedessen verkümmert. Mit dem 60. Lebensjahr wird die arbeitende Bevölkerung aus der Produktion ausgegliedert und muss in Seniorenheime umziehen. Unter ihnen ist Leopold Oguwabe, ein Systemanalytiker. Meinolf Sieber ist klein von Gestalt, aber im verwachsenen Körper des Wissenschaftlers steckt ein wacher und brillanter Geist. Er hat sich in die Idee von Parallelwelten verrannt, die er auch als Dozent vertritt, sodass er für seine Hochschule nicht mehr tragbar ist. Nach seinem inszenierten Tod im Jahr 1981 kann er endlich daran gehen, in einem abgelegenen Haus seine ehrgeizigen Pläne ungestört in die Tat umzusetzen. Er will eine Maschine bauen, die ihm etwas ermöglicht, was es so noch nie gegeben hat: einen Wechsel der Dimensionen.
Dieser Roman erschien 1983 als Terra Astra 573.

Gefangene des Systems

Mittels Emotio-Haube erlebt Leopold Oguwabe nach seinem Ausscheiden aus der produzierenden Bevölkerung zum ersten Mal in seinem Leben Emotionen. Da dies die einzige Abwechslung in seinem eintönigen Alltag ist, lässt der Reiz des Neuen jedoch rasch nach und macht Langeweile Platz. Er will sich aber nicht damit abfinden, in geistiger Ödnis und Dumpfheit zu versinken und bis ans Ende seiner Tage lethargisch vor sich hin zu dämmern, doch ein Verlassen des Seniorenheims ist zu Lebzeiten nicht vorgesehen. Daher fasst er einen kühnen Plan, den er mithilfe seiner Mitbewohner umsetzen will. Sie wollen ausbrechen, denn sonst sind und bleiben sie bis zu ihrem Tod Gefangene des Systems.
Dieser Roman erschien 1983 als Terra Astra 575.
Außerdem enthält der Band die Kurzgeschichte "Rettung in letzter Minute", die von Falk-Ingo Klee 1990 zum 70. Geburtstag von Walter Ernsting verfasst wurde.

Zwei Romane in einem Band!

Sklaven für Anur

Ein Satellit, der einst ausgeschickt wurde, um Kontakt zu anderen Intelligenzen herzustellen, wird tatsächlich an Bord eines raumfahrenden fremden Volkes genommen und ausgewertet. Dadurch wird nicht nur die Position des bislang unbekannten Sonnensystems bekannt, sondern auch der dritte Planet und seine Bewohner. Heimlich und unerkannt statten die Fremden, deren Aussehen an Riesenfrösche erinnert und die sich selbst ›Anura‹ nennen, Terra einen Besuch ab. Sie vermessen und studieren den Planeten und das Leben seiner Bewohner. Da der technische Stand der Anura dem der Terraner deutlich überlegen ist, bleiben ihre Aktivitäten selbst der Raumüberwachung verborgen. Das Ergebnis der Untersuchung fällt positiv aus, und so ordnet der Rat der Gehirne an, eine Expedition zum Planeten Terra zu schicken. Die soll aber keine freundschaftlichen Kontakte zu deren Bewohnern aufnehmen, sondern eine ganz andere Mission erfüllen. Es geht um Sklaven für Anur. Dieser Roman erschien 1979 als Terra Astra 398.

Ufo-Kontakt

Die Quam haben Hunderte von vollrobotischen Raumschiffen ins ganze ihnen bekannte Universum ausgesandt, die jeweils nur einen einzigen Passagier an Bord haben. Es sind die Botschafter von Quam. Ihre Aufgabe: Sie sollen allen Intelligenzen die Botschaft von der Philosophie von Quam überbringen. Einer dieser Botschafter ist Untong-Sri. Als sich sein kleines Fernraumschiff der gelben Sonne und ihren neun Planeten im Schutze der Deflektorschirme nähert, leitet die Automatik das Weckmanöver ein. Seit eintausendzweihundertdreizehn Quam-Jahren war der Raumer unterwegs, und zum ersten Mal registrieren die Instrumente biologisch hochstehendes Leben auf dem dritten Planeten. Das Ziel der Mission ist damit erreicht, jetzt kommt die Aufgabe von Untong-Sri. Er erwacht wie vorgesehen, doch das Lebenserhaltungssystem scheint im Verlauf der Reise gelitten zu haben. Einige Gehirnsektoren von Untong-Sri sind irreparabel geschädigt. Er kann sich nicht mehr an den Sinn der Mission erinnern, und es kommt zum Ufo-Kontakt. Dieser Roman erschien 1981 als Terra Astra 531.

Zwei Romane in einem Band!

Insel der Manipulierten

Donkor ist eine Wasserwelt, deren beherrschende Intelligenzen den irdischen Kraken gleichen. Sie nennen sich Donks. Ihr Herrscher ist der Potentat Zantos. Eine wichtige Rolle spielen Genetiker, denn Zantos' Volk wird für spezielle Aufgaben gezüchtet. Immer wieder werden genetisch veränderte Donks ausgeschickt, um wilde Urdonks zu fangen. Warum und wozu das geschieht, ist ein Rätsel. Nicht alle wollen sich mit diesen Zuständen abfinden. Einer dieser Oppositionellen ist ausgerechnet ein Polizeidonk, der weiß, dass ihn seine Aktivitäten Leib und Leben kosten können. Was aber weder Zantos noch seine Berater oder Gegner wissen: Es gibt auch noch Missgestaltete, die aktiv werden.
Dieser Roman erschien 1980 als Terra Astra 469.

Friedensmusik

Si-Lethurs ist eine paradiesische Welt des ewigen Frühlings, mit tropischer Vegetation und einem Klima, bei dem sogar der sprichwörtliche Besenstiel austreibt. Es ist die Heimat der insektoiden Lethurer, die hier eine hochstehende Zivilisation aufgebaut haben. Merkwürdig ist, dass sie in allen Phasen ihres Lebens von Musik begleitet werden, dabei spielt sie in und bei ihren Forschungen absolut keine Rolle. Einer der Lethurer ist Artemut. Er ist jemand, der Höhen und Tiefen des Lebens am eigenen Leib erlebt. Da sind aber auch noch Zert-Vitus und Swan-Totu, zwei Hüter des Friedens. Haben sie etwas mit Artemuts Schicksal zu tun?
Dieser Roman erschien 1983 als Terra Astra 567.

AUTORENJUBILÄUM FALK-INGO KLEE
Per
Schreibmaschine
durch die Galaxis
EDITION ADLER

1978 veröffentlichte Falk-Ingo Klee seinen ersten SF-Roman in der Reihe ›Terra Astra‹. Es folgten weitere Publikationen innerhalb dieser Reihe, er schrieb als Autor für die ATLAN-Serie und verfasste mehrere PERRY RHODAN-Taschenbücher. Es folgten Sachbücher, Gartenbücher und Krimis, SF-Storys und Kolumnen aus dem Perryversum. Jetzt, im Jahr 2022, sind es 44 Jahre, in denen Falk-Ingo Klee als Schriftsteller aktiv ist. Mit einer Schreibmaschine fing alles an. Dieses reich bebilderte Buch enthält einen Querschnitt seines kreativen Schaffens. Zusammen mit dem Autor ist man unterwegs durch diese 44 Jahre – natürlich ›Per Schreibmaschine durch die Galaxis‹.

ungewöhnlich
bienenfreundlich
winterfest
FALK-INGO KLEE
GARTENSCHÄTZE
Blühende Schönheiten,
die jeden Garten bereichern
Haupt

Sie möchten Ihrem Garten neuen Schwung verleihen , Ihre Beete attraktiver gestalten? Und Sie wünschen sich Pflanzen, die zwar nicht alltäglich sind, aber auch keine teuren Exoten sind, die weder anfällig noch schwer zu pflegen sind? Dann haben Sie sich genau für den richtigen Gartenbuch-Ratgeber entschieden.
Er porträtiert rund 110 Arten und Sorten, die winterhart sind und sich in unseren Breiten wohl fühlen. Und alle sind ein bisschen besonders: haben ihre ganz besonderen Vorzüge. Während die einen ungewöhnlich früh oder lange blühen, eignen sich andere für schwierige Standorte wie feuchte oder schattige Ecken, halten tiefe Temperaturen aus oder zeigen auch in langen Trockenperioden ihren attraktiven Flor. Diese Pflanzen sind eben alles Gartenschätze!
Pflanzpläne, ein ausführlicher Praxisteil und ein Bezugsquellen-Verzeichnis machen diesen Gartenbuch-Ratgeber zu einem Werk, das kaum noch eine Frage offen lässt.

Bildnachweis

Seite 9	Stadttheater, Gießen	Wikipedia (Foto Stefan Schäfer, Lich)
Seite 17	Stadtkirche, Gießen	Wikipedia (Foto Magadan)
Seite 21	Bahnhof, Gießen	Wikipedia (Foto Hydro)
Seite 28	Kloster Schiffenberg	Wikipedia (Foto Silke Koch)
Seite 29	Schiffenberg-Basilika	Wikipedia (Foto Cherubino)
Seite 30	Schiffenberg-Basilika L.	Wikipedia (Foto Keichewa)
Seite 31	Altes Schloss	Eberhard Bodo Klee
Seite 39	Urkunde Ersterwähnung GI	Brühlscher Verlag, 800 Jahre Gießen
Seite 44	Ortseingangsschild Gießen	onlinestreet.de
Seite 45	Ortseingangsschild GI 1998	onlinestreet.de
Seite 47	Neues Schloss	Wikipedia (Foto Longbow4u)
Seite 54	Stadtansicht GI, Merian	Gemeinfrei
Seite 55	Ältester Zunftbrief Gießens	Gemeinfrei
Seite 59	Brandplatz	Wikipedia (Foto Gorinin)
Seite 61	Leib´sches Haus	Wikipedia (Foto Wolfgang Glock)
Seite 65	Gründungsurkunde Uni GI	Gemeinfrei
Seite 66	Statuten Landgraf Ludwig V.	Gemeinfrei
Seite 67	Originalsiegel Uni Gießen	Gemeinfrei
Seite 81	Johann Caspar Goethe	Gemeinfrei
Seite 83	Kollegiengebäude Uni GI	Gemeinfrei

Seite 85	Justus-Liebig-Universität	Wikipedia (Foto Ralf Lotys)
Seite 88	Johannes Bückler	Wikipedia (Stadtarchiv Mainz)
Seite 90	Daumenschrauben	Wikipedia (Foto Anangoria)
Seite 95	Gasthaus „Zum Löwen“	Wikipedia (Foto Oliver Abels)
Seite 99	Liebigmuseum	Wikipedia (Foto Langbow4u)
Seite 108	Schlamp-Eiser	Brühlscher-Verlag, Von der Burg zur modernen Stadt
Seite 111	Elefanten-Klo	Wikipedia (Foto Klaus Foehl)
Seite 112	Schlammbeiser-Denkmal	Wikipedia (Foto Tim Beil)
Seite 113	Elefantenklo mit Wasserfall	Wikipedia (Foto Ludwig S. Micheler)
Seite 115	Kapelle Alter Friedhof	Wikipedia (Foto Stefan Flöper)
Seite 118	Trümmerbild Schulstraße	Brühlscher Verlag, Von der Burg zur modernen Stadt
Seite 128	Behördenhochhaus Gießen	Brunk-Foto, Gießen
Seite 131	Behördenhochhaus 1998	Falk-Ingo Klee
Seite 133	Botanischer Garten	Eberhard Bodo Klee
Seite 136	Flugapparat	Wikipedia (Foto Boboiser)
Seite 138	Ortseingangsschild Lahn-GI	onlinestreet.de
Seite 139	Christoph-Rübsamen-Steg	Wikipedia (Foto Klaus Foehl)

Seite 141	Mathematikum	Wikipedia (Foto Dontworry)
Seite 146	A. Leslie	Wikipedia (Foto Robit 1)
Seite 149	Rathaus Grünberg	Wikipedia (Foto Doris Antony)
Seite 169	Zeughaus	Wikipedia (Foto Manuel Heinrich)
Seite 174	Die 3 Schwätzer	Wikipedia (Foto Ralf Lotys)
Seite 182	Bismarckturm	Wikipedia (Foto Stefan Flöper)
Seite 183	Detektiv mit Lupe	Pixabay (Foto Tumisu)

Fotografik und Fotobearbeitung Eberhard Bodo Klee